PREMIO

Libro del alumno 3

Other Spanish materials from Stanley Thornes:

Sonia Rouve and Ray Symons *En Directo desde España* (Authentic reading materials with accompanying questions, selected for GCSE students.)

Juan Kattan-Ibarra and Tim Connell *Spain after Franco* (A course-book for 16-plus students, with an emphasis on Spanish society and current affairs.)

Juan Kattan-Ibarra and Tim Connell *Working with Spanish Levels 1 and 2* (Practical business Spanish for students following vocational language courses.)

Juan Kattan-Ibarra and Tim Connell *Spanish at Work* (Skill-based exercises and dossiers give students opportunities to practise Spanish in business contexts.)

Juan Kattan-Ibarra and Tim Connell *Talking Business Spanish*

Monica Wilden Hart *Curso Práctico de Español para Mayores*

Judith Noble and Jaime Lacasa *Complete Handbook of Spanish Verbs*

Tim Connell and Elizabeth van Heusden *The Spanish Verb*

Raymond H. Pierson *Guide to Spanish Idioms*

Ina W. Ramboz *Spanish Verbs and Essentials of Grammar*

Juan Kattan-Ibarra

> *Perspectives Culturales de España*
> *Perspectives Culturales de Hispanoamérica*

Tim Connell *Expospanish*

Mary H. Jackson *Guide to Correspondence in Spanish*

A complete catalogue of language materials published by Stanley Thornes is available from Stanley Thornes (Publishers) Ltd, Old Station Drive, Leckhampton, Cheltenham, Glos. GL53 0DN.

PREMIO

Libro del alumno 3

Manuel Montoro-Blanch

Head of the Spanish Department
Cardinal Heenan High School, Leeds

Claire Hollister

STANLEY THORNES (PUBLISHERS) LTD

Topic areas covered in PREMIO Stages 1, 2 and 3

STAGE 1	STAGE 2	STAGE 3
Personal information 1 and 2	Travel by air	Personal information 3
Finding the way 1 and 2	Accomodation 1 and 2	Family and the home
Money	Banks, post offices and telephones	Talking about one's local area and
Shopping 1 and 2	Shopping 3	weather
Meals/meal times/bar menus	Food and drink 3	Travel
Restaurant and hotel menus	Leisure and pleasure 1	Leisure and pleasure 2
Times	Illness, injury and emergency	School
Travelling by car		Occupations
Travelling by public transport		Lost property

COMPONENTS OF THE PREMIO COURSE		STAGE 1	STAGE 2	STAGE 3
COURSEBOOK	Contains presentation material, dialogues, oral activities and exploration material.	Coursebook 1	Coursebook 2	Coursebook 3
TEACHER'S BOOK	Contains: (a) Full notes on presentation and exploitation of the materials (b) Transcripts of listening and comprehension material. (c) Photocopiable worksheets containing oral activities, listening and reading comprehension, puzzles and games. (d) Pupil profile blanks (also photocopiable).	Teacher's Book 1	Teacher's Book 2	Teacher's Book 3
CASSETTES	Contain dialogues, interviews and listening materials	Set of Cassettes for Stage 1	Set of Cassettes for Stage 2	Set of Cassettes for Stage 3
FLASHCARDS	Pictorial starting points for language work, especially presentation of 'new' items.	Set of Flashcards for Stage 1	Set of Flashcards for Stage 2	–

Text © Manuel Montoro-Blanch and Claire Hollister 1991
Original line illustrations © Stanley Thornes (Publishers) Ltd 1991

First published in 1991 by:
Stanley Thornes (Publishers) Ltd
Old Station Drive
Leckhampton
CHELTENHAM GL53 0DN
England

British Library Cataloguing in Publication Data

Montoro-Blanch, Manuel
   Premio stage 3: Coursebook.
   I. Title   II. Hollister, Claire
   468.3

Typeset by Tech-Set, Gateshead, Tyne & Wear.
Printed and bound by Butler & Tanner, Frome, Somerset.

ISBN 0–7487–1208–9

CONTENTS

ACKNOWLEDGEMENTS

Premio has been produced, in part, with the collaboration of Trinity and All Saints College, Horsforth. It draws its inspiration from experiences gained through years of working on the ATSP/TASC West Yorkshire Graded Tests Scheme, from the existence of *Einfach toll!* and *Escalier* (the German and French Courses in the series) and from the encouragement, help and support of a number of people whom the authors would wish to thank:

José Amodia for his suggestions and contributory comments which were so helpful in producing the final version of the text.

The teachers in a variety of school situations, who tested the draft materials and provided useful feedback.

Trish Smith and all those concerned with *Einfach toll!*

The authors and publishers are grateful to the following for permission to reproduce photographs:

AGE Fotostock, pages 12, 22, 27, 28, 37, 48, 52, 54, 64, 66, 88.
J. Allan Cash, pages 1, 7, 12, 14, 22, 25, 37, 49, 63, 72, 81, 101, 109.

¡ENCANTADO DE CONOCERTE!

HACIENDO AMISTADES

Encuentro en un bar

Tony

Pedro

Pedro: ¡Hola! Me llamo Pedro Sánchez.
Tony: ¿Qué hay? Soy Tony Green.
Pedro: ¿Eres americano?
Tony: Soy de Edimburgo, pero vivo en York, en el norte de Inglaterra.
Pedro: Ah, eres inglés.
Tony: No. Soy escocés.
Pedro: ¿Qué haces aquí en España? ¿Cuánto tiempo vas a quedarte?
Tony: Estoy visitando a María José, mi correspondiente española. Voy a pasar dos semanas aquí en Málaga.
Pedro: ¿Cuánto tiempo llevas aquí ya?
Tony: Sólo unos días.
Pedro: Hablas español muy bien.
Tony: No. Sólo hablo un poco de español, pero lo entiendo bastante bien.
Pedro: ¿Cuánto tiempo hace que estudias español?
Tony: Llevo cuatro años estudiando español en el instituto. Y tú, ¿hablas inglés?
Pedro: No. Hablo inglés muy mal pero hablo y escribo alemán muy bien.
Tony: ¿Desde cuándo lo estudias?
Pedro: Llevo ocho años estudiándolo. Bueno, pues ¡encantado de conocerte!
Tony: Igualmente. ¡Adiós!
Pedro: ¡Adiós!

Ejercicio 1   ¿Verdad o mentira?

1. Tony es de Inglaterra.
2. Tony es inglés.
3. Tony está visitando a su familia en Madrid.
4. Tony va a quedarse en España por quince días.
5. Tony no habla español muy bien.
6. Tony estudia español desde hace seis años.
7. Hace cuatro años que Pedro estudia alemán.

¡Hola! Me llamo… .	¿Qué hay? ¿Qué tal?	Soy… .

| ¿Eres | americano(-a)?
inglés(-esa)?
escocés(-esa)? | Soy… .
Soy de… .
Vivo en… . |

| ¿Qué haces aquí en… ? | Estoy visitando a mi correspondiente.
Estoy de vacaciones. |

| ¿Cuánto tiempo vas a quedarte? | Voy a quedarme… . |

| ¿Cuánto tiempo llevas estudiando
¿Cuánto tiempo hace que estudias
¿Desde cuándo estudias | español? | Llevo… años estudiando
Hace… años que estudio | español. |

Estudio español desde hace… años.

| ¿Hablas… ?
¿Entiendes… ?
¿Escribes… ? | Hablo…
Entiendo…
Escribo… | muy bien/mal.
un poco. |

No hablo/entiendo/escribo… muy bien.

| ¡Encantado(-a) de conocerte! | ¡Igualmente!
¡Adiós! |

Más tarde

Marta

Pedro: Tony, quiero presentarte a mi amiga Marta.
Marta: ¡Encantada! ¿Cómo estás?
Tony: No recuerdo cómo se dice 'OK' en español.
Marta: Se dice 'tirando' o 'regular'.
Tony: Ya. ¡Gracias!
Marta: ¿Dónde vives en Málaga?
Tony: Vivo en casa de mi correspondiente. Su familia tiene un piso en la calle del Marqués de Larios.
Marta: Y ¿cuáles son tus señas en Inglaterra? Me gustaría escribirte. Así, puedes corregir mis faltas y explicarme algunas frases inglesas.
Tony: Mi dirección en York es: 3, Carlisle Street. ¿Tienes teléfono?
Marta: Sí. Mi número de teléfono es el 326543. Y tú, ¿tienes teléfono aquí?
Tony: Sí. El teléfono de la familia de María José es el 759221.
Marta: ¿En qué trabajas en Inglaterra?
Tony: No trabajo. Soy estudiante.

Ejercicio 2   ¿Cuáles son las respuestas?

Escribe las respuestas en tu cuaderno.
1. ¿Vive Tony en una casa o en un apartamento en Málaga?
2. ¿Cómo se llama la calle donde vive Tony?
3. ¿Cuál es la dirección de Tony en Inglaterra?
4. ¿Tiene teléfono Marta? ¿Qué número es?
5. ¿En qué trabaja Tony?

Ejercicio 3   Conociendo a alguien

Usando las preguntas siguientes hazle una entrevista a tu compañero(-a).

¿Qué tal/Cómo estás/Qué hay?   ¿Cuáles son tus señas?

¿Cómo te llamas?   ¿Tienes teléfono?

¿Hablas español?   ¿Cuánto tiempo hace que/Desde cuándo

¿De dónde eres?   estudias español?

¿Dónde vives?   ¿Entiendes bien español?

¿Cuánto tiempo llevas viviendo allí?   ¿Escribes bien español?

Ejercicio 4   Conversaciones

Con un compañero o una compañera , usa la información que sigue para hacer unas conversaciones.

	Ejemplo	(a)	(b)
Amigo:	¿Eres galés (-esa)?		
Tú:	No, soy inglés(-esa). Vivo en Leeds, en el noreste de Inglaterra.		
Amigo:	¿Cuáles son tus señas en Inglaterra?		
Tú:	Vivo en el número 17 Holt Park Lane. Es una casa pequeña.		
Amigo:	¿Cuánto tiempo hace que estudias español?		
Tú:	Llevo tres años estudiando español.		
Amigo:	Hablas español muy bien.		
Tú:	No, pero lo entiendo bastante bien.		
Amigo:	¡Encantado de conocerte!		
Tú:	¡Igualmente! ¡Hasta luego!		

50, Stuart St.

45, Acre Close

1991 1990 1989 1988   ✓

1991 1990   ✗

Hace sol hoy y tengo ganas de ir

1 Ejercicio 5   Presentando a alguien

Ordena estas frases para crear una conversación.

Quiero presentarte a Sally/Frank.

Vivo en 23, Henderson Road, Edinburgh.

Estoy de vacaciones. Vuelvo a Inglaterra la semana que viene.

¿Y cuáles son tus señas en Inglaterra?

Estoy en el hotel Málaga Palacio.

¿Qué haces en España?

¿Cuál es tu dirección aquí?

¡Hola! ¿Eres inglés(-esa)?

Voy a pasar tres semanas aquí.

No. Soy de Escocia.

¿Cuánto tiempo vas a quedarte?

Pues ¡encantado(-a) de conocerte! ¡Hasta luego!

Quiero presentarte a… .	¡Encantado(-a)! ¡Encantado(-a) de conocerte!	¿Qué tal? ¿Cómo estás?
Muy bien/mal. Regular. Tirando.	No entiendo No recuerdo No sé	qué quiere decir… . cómo se dice… .
Quiere decir… . Se dice… .	Puedes corregir mis faltas y explicarme… .	
¿Cuáles son tus señas	aquí? en Inglaterra?	Vivo en… . Mi dirección es… .
¿Tienes teléfono?		Sí. Mi número es el… . No. No tengo teléfono.
¿En qué trabajas en Inglaterra?		Soy… . No trabajo. Soy… .
¡Hasta luego!		¡Adiós!

DESCRIPCIONES PERSONALES

Diciendo cómo eres

¡Hola! Me llamo María José. Soy española. Tengo catorce años. Soy bastante alta y muy delgada. Tengo los ojos marrones y el pelo castaño y liso. Soy bastante guapa.

¡Hola! Me llamo Marcos. Soy chileno. Tengo dieciséis años. Tengo el pelo rubio, corto y rizado. Tengo los ojos verdes. Soy un poco gordo y bastante alto. Tengo la nariz demasiado grande.

¿Qué hay? Me llamo Paco. Soy de Mallorca. Tengo diecinueve años. Soy pelirrojo. Tengo bigote y barba y llevo gafas. Tengo los ojos azules. Soy de talla media.

Buenos días. Me llamo Hurtado, señor Hurtado. Tengo ochenta años. Soy viejo. Soy calvo y tengo los ojos negros. Mido un metro setenta y dos y peso setenta y cinco kilos.

Ejercicio 6   ¿Cómo son?

Copia este cuadro y rellénalo con los datos de María José, etc.

Nombre	Edad	Talla	Pelo	Ojos	Otros detalles

Ejercicio 7   ¿Quién habla?

Mira los dibujos y decide quiénes son.

Susana

Juan

Manuel

Elena

Miguel

Raquel

1

Ejercicio 8   ¿Quién soy?

Busca la descripción correcta para cada persona.

a) Soy alto y delgado. Soy pelirrojo y tengo el pelo muy corto.

b) Soy baja y gorda. Tengo el pelo negro y muy largo.

c) Soy de talla media. Soy muy feo y calvo.

d) Soy joven y guapa. Tengo el pelo rubio y largo.

e) Tengo el pelo blanco. Tengo barba y bigote y llevo gafas.

Ejercicio 9   ¿Cómo eres tú?

En tu cuaderno escribe una breve descripción de cómo eres tú.

¿Cómo eres?	Soy	alto(-a). bajo(-a). de talla media. gordo(-a). delgado(-a). feo(-a). guapo(-a). viejo(-a). joven.
¿De qué color tienes el pelo?	Tengo el pelo	negro. marrón. moreno. castaño. blanco. rubio. gris.
	Soy	pelirrojo(-a). calvo(-a).
¿Cómo es?	Es	largo. corto. liso. rizado.
¿De qué color tienes los ojos?	Tengo los ojos	negros. marrones. azules. verdes. grises.
¿Cómo eres de alto(-a)?	Mido… .	
¿Cuánto pesas?	Peso… .	
¿Algo más?	Tengo	barba. bigote.
	Llevo gafas.	

Hablando de otros

Pedro:	¿Quién es esta chica, Tony?
Tony:	Es una amiga mía. Es inglesa y se llama Paula.
Pedro:	Es muy guapa.
Tony:	Sí. Tiene dieciséis años. Es alta, delgada y morena. Tiene el pelo castaño y rizado y bastante corto. Tiene los ojos marrones.
Pedro:	¿Cómo es de alta?
Tony:	Mide cinco pies y nueve pulgadas, o sea, un metro setenta y cinco.
Pedro:	Las inglesas son altas ¿verdad? Mi amiga Marta sólo mide un metro sesenta.

Ejercicio 10   ¿Y tus familiares, Tony? ¿Cómo son?

Escucha las descripciones de los miembros de la familia de Tony, y luego escribe cómo son en inglés en tu cuaderno.

Ejercicio 11   ¿Y tú?

¿Cómo son los miembros de tu familia? Mira la descripción en la página 6 y completa las frases en tu cuaderno.

1. Mi padre es… / tiene… .

2. Mi madre es… / tiene… .

3. Mi hermano es… / tiene… .

4. Mi hermana es… / tiene… .

5. Mi abuelo es… / tiene… .

6. Mi abuela es… / tiene… .

¿Has visto a... ?

Pedro: Tony, ¿has visto a Marcos?

Tony: ¿Quién es Marcos?

Pedro: Es uno de los chicos que siempre está con nosotros en el bar. Es alto y gordo. Tiene el pelo rubio y los ojos verdes. Lleva un jersey azul.

Tony: ¡Ah, sí! No le he visto, pero sí he visto a Martín.

Pedro: ¿Quién es Martín?

Tony: Martín es el camarero bajo y delgado, con el pelo marrón. Es muy feo.

Pedro: ¡Ah, sí!

Ejercicio 12   ¿Dónde están?

Con tu compañero(-a), practica las preguntas siguientes y prepara las respuestas.

1. ¿Has visto al profesor/a la profesora de español?
2. ¿Has visto a mi hermano(-a)?
3. ¿Has visto a mi amigo(-a)?
4. ¿Has visto a mi padre?
5. ¿Has visto a mi madre?
6. ¿Has visto al director del instituto?

Describiendo el carácter de alguien

Amigo: ¿Cómo eres de carácter, Pedro?

Pedro: Creo que soy simpático e inteligente.

Amigo: ¿Y tu familia ? ¿Cómo son los miembros de tu familia?

Pedro: Mi padre se llama Enrique Sánchez. Tiene cincuenta años. Es alto y delgado. Lleva gafas. Tiene los ojos marrones y el pelo negro y corto. Es serio y muy estricto.
Mi madre se llama Pilar. Tiene cuarenta y cinco años. Es baja y gorda. Tiene el pelo rubio y los ojos azules. Es amable, paciente y generosa. Me entiendo bien con ella.
Mi hermano se llama Ramón. Tiene veintidós años. Es de talla media. Tiene el pelo castaño y los ojos verdes. Es simpático, agradable e interesante.
Mi hermana se llama Ana. Tiene dieciocho años. Es bastante baja y delgada. Tiene el pelo marrón y los ojos grises. Es perezosa y un poco tonta. Me peleo bastante con ella.

Amigo: ¿Y tu profesora de español?

Pedro: Mi profesora de español es divertida, animada y alegre.

Amigo: ¿Y tu mejor amigo?

Pedro: Mi mejor amigo es simpático, gracioso y optimista. Me llevo bien con él.

Amigo: Pues muchas gracias, porque ¡tu mejor amigo soy yo!

Mi mejor amigo es simpático y gracioso.

Ejercicio 13   ¡Ahora tú!

¿Cómo son tus familiares de carácter? Copia y rellena este cuadro.

━━━ **Ejemplo** ━━━

Mi hermana es bastante extrovertida.

	muy	bastante	un poco	bastante	muy	
divertido(-a)						serio(-a)
amable						desagradable
simpático(-a)						antipático(-a)
bueno(-a)						malo(-a)
animado(-a)						perezoso(-a)
inteligente						tonto(-a)
interesante						aburrido(-a)
alegre						triste
extrovertido(-a)						tímido(-a)

¿Cómo	eres	tú	de carácter?
	es	tu padre, madre, etc.	
	son	tus hermanos	

Soy
Es
Son

amable(s).
desagradable(s).
simpático(-a)(s).
antipático(-a)(s).
bueno(-a)(s).
malo(-a)(s).
animado(-a)(s).
perezoso(-a)(s).
interesante(s).
aburrido(-a)(s).
divertido(-a)(s).

gracioso(-a)(s).
serio(-a)(s).
inteligente(s).
tonto(-a)(s).
alegre(s).
triste(s).
paciente(s).
impaciente(s).
extrovertido(-a)(s).
tímido(-a)(s).
generoso(-a)(s).
estricto(-a)(s).

Me entiendo bien
Me llevo bien
Me peleo mucho

con él/ella/ellos/ellas.

Ejercicio 14   Entrevista

Trabaja con un compañero o una compañera. Hazle las preguntas siguientes para averiguar cómo es su familia.

1. ¿Tienes hermanos?
2. ¿Cómo se llama tu hermano(-a)?
3. ¿Cómo se llama tu padre/madre?
4. ¿Cuántos años tiene… ?
5. ¿Es alto(-a) o bajo(-a)?

6. ¿Es gordo(-a) o delgado(-a)?
7. ¿Cómo tiene el pelo?
8. ¿De qué color tiene los ojos?
9. ¿Cómo es de carácter?
10. ¿Te llevas bien con él/ella?

TUS FAMILIARES

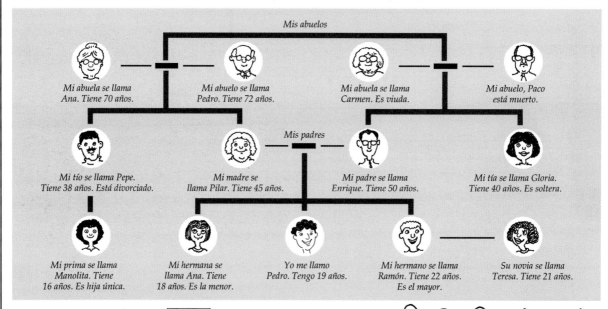

Mis abuelos

Mi abuela se llama Ana. Tiene 70 años.

Mi abuelo se llama Pedro. Tiene 72 años.

Mi abuela se llama Carmen. Es viuda.

Mi abuelo, Paco está muerto.

Mis padres

Mi tío se llama Pepe. Tiene 38 años. Está divorciado.

Mi madre se llama Pilar. Tiene 45 años.

Mi padre se llama Enrique. Tiene 50 años.

Mi tía se llama Gloria. Tiene 40 años. Es soltera.

Mi prima se llama Manolita. Tiene 16 años. Es hija única.

Mi hermana se llama Ana. Tiene 18 años. Es la menor.

Yo me llamo Pedro. Tengo 19 años.

Mi hermano se llama Ramón. Tiene 22 años. Es el mayor.

Su novia se llama Teresa. Tiene 21 años.

Pedro explica

Tengo tres abuelos, es decir, dos abuelas y un abuelo. Mi abuelo Paco está muerto y mi abuela Carmen es viuda. Mi padre se llama Enrique y mi madre se llama Pilar. También tengo tíos: mi tía Gloria, que es soltera, y mi tío Pepe que está divorciado. Tengo una prima, Manolita, que es hija única. Tengo dos hermanos: una hermana que se llama Ana y un hermano que se llama Ramón. Mi hermano tiene veintidós años y es mayor que yo. Mi hermana tiene dieciocho años y es menor que yo. Ramón es el mayor y Ana es la menor. Ramón no está casado, pero tiene novia, Teresa. No tengo cuñados ni sobrinos.

-in laws   hephews

Ejercicio 15   ¿Verdad o mentira?

1. Enrique está casado con Pilar.
2. Teresa es la mujer de Ramón.
3. Ramón es el hijo de Enrique.
4. Ana es la abuela de Manolita.
5. Pilar y Enrique son los padres de Ana.
6. Ana es la hermana de Pedro.
7. Gloria es la tía de Pedro.
8. Pedro no tiene primos.
9. Teresa es la novia de Pedro.
10. Pepe es soltero.
11. Carmen es viuda.
12. Paco está muerto.
13. Pepe tiene tres sobrinos.
14. Ana, Pedro y Ramón son los nietos de Carmen.
15. Manolita y Ana son hermanas.
16. Pepe es el tío de Manolita.
17. Ana tiene una prima.
18. Manolita es hija única.

Ejercicio 16   ¡Ahora tú!

Contesta estas preguntas en tu cuaderno.

1. ¿Tienes tíos? ¿Cómo se llaman?
2. ¿Ya eres tío o tía? ¿Cómo se llama(n) tu(s) sobrino(s) o sobrina(s)?
3. ¿Tienes primos? ¿Cómo se llaman?
4. ¿Quién es el/la menor en tu familia?
5. ¿Quién es el/la mayor?

¿Ya eres tío?

Yo		Tú		Él/Ella	
(No) tengo… .		(No) tienes… .		(No) tiene… .	
Mi…	se llama… . tiene… años. vive en… .	Tu…	se llama… . tiene… años. vive en… .	Su…	se llama… . tiene… años. vive en… .

Ejercicio 17   Familias

Utiliza las frases del cuadro anterior para escribir unas frases en tu cuaderno. Usa la primera, segunda y tercera persona singular del verbo apropiado.

Ejercicio 18   Adivinanzas

Trabaja con un compañero o una compañera. Él/ella elige una de estas personas.
Tú tienes que hacerle preguntas para adivinar la persona que tu compañero(-a)
ha elegido.

=== Ejemplos ===

¿Es hombre o mujer?	¿Está muerto(-a)?
¿Tiene el pelo corto?	¿Lleva gafas?

Plácido
Domingo

Salvador Dalí

Severiano
Ballesteros

Joan Baez

Felipe González

La reina doña Sofía

Eva
Perón

Andrés Segovia

Ejercicio 19   Querida Marta

Lee la carta que sigue. Copia las frases en tu cuaderno y rellena los espacios.

> Manchester, 2 de abril de 1991
>
> Querida Marta,
> Me llamo Clare. Mi apellido es Worthington.
> Tengo quince años y soy inglesa. Soy de Bristol pero
> vivo en Manchester. Mi dirección es: 25 Arndale
> Street, Manchester. Entiendo y hablo español
> bastante bien pero lo escribo mal. Estudio
> español desde hace cinco años. Soy bastante
> alta pero un poco gorda. Tengo los ojos
> azules y el pelo marrón, largo y rizado.
> Mido un metro setenta y dos y peso sesenta
> y cinco kilos. Soy extrovertida y optimista.
> Sólo somos tres en mi familia — mi padre, mi
> madre y yo. Soy hija única.
> Un abrazo de tu amiga
>
> Clare

1. La escritora se llama _____ .
2. Tiene _____ años.
3. Es de nacionalidad _____ .
4. Vive en _____ .
5. Su dirección es _____ .
6. Habla y entiende español _____ .
7. Escribe español _____ .
8. Estudia español desde hace _____ .
9. Es bastante _____ y _____ gorda.
10. Tiene los ojos _____ .
11. Tiene el pelo _____ .
12. Mide _____ .
13. Pesa _____ .
14. Es _____ de carácter.

Ejercicio 20   ¡Ahora tú!

Escribe una carta parecida con tus detalles personales y los de tu familia.

(No) Tengo… .
Soy hijo único.
Soy hija única.

Mi abuelo Mi padre Mi hermano Mi primo Mi sobrino Mi nieto Mi tío Mi abuela Mi madre Mi hermana Mi prima Mi sobrina Mi nieta Mi tía	se llama… . tiene… años.
Mis abuelos Mis padres Mis hermanos Mis primos Mis sobrinos Mis nietos Mis tíos Mis abuelas Mis hermanas Mis primas Mis sobrinas Mis nietas Mis tías	se llaman… . tienen… años.

Mi(s)…	está(n)	muerto(-a)(s). casado(-a)(s). divorciado(-a)(s).
	es/son	viudo(-a)(s). soltero(-a)(s).
Yo soy … es	mayor/menor que… .	
Yo soy … es	el/la mayor/menor.	

EN CASA

¿DÓNDE VIVES?

¿Dónde vives, María José?
Vivo en la calle del Marqués de Larios, en un piso grande y moderno. El piso está en la cuarta planta de un edificio que está en el centro de Málaga.

¿Dónde vives, Pedro?
Vivo en la avenida Aurora, en una casa de dos plantas. Está en las afueras de la ciudad, en una urbanización privada.

¿Dónde vives, Rafaela?
Vivo en la avenida de los Pinos en Dos Hermanas, un pueblo cerca de Sevilla. Mi apartamento está en la primera planta de un bloque de pisos en un barrio residencial.

¿Dónde vives, Alfonso?
Vivo en el campo, en una finca – es decir en una granja. Es grande y vieja. Está situada cerca de una aldea. Tenemos muchos animales.

¿Dónde vives?	Vivo en	el paseo… .		la avenida… .	
		la calle… .		la carretera… .	
		un piso.		una granja.	
		un apartamento.		una finca.	
		un bloque de pisos.		un chalet.	
		una casa de dos plantas.			

¿Dónde está	tu piso?	Está situado(-a) en	la primera planta de un edificio.
	tu apartamento?		el centro de la ciudad.
	tu bloque de pisos?		las afueras de la ciudad.
	tu casa?		una urbanización.
	tu granja?		un barrio residencial.
	tu finca?		un pueblo.
	tu chalet?		una aldea.
			el campo.
			la montaña.
			la costa.

| ¿Cómo es? | Es | muy | grande. | moderno(-a). |
| | | bastante | pequeño(-a). | viejo(-a). |

Ejercicio 1   ¿Cuáles son las respuestas?

Contesta estas preguntas en tu cuaderno.

1. ¿Vive María José en un piso o en una casa?
2. ¿Dónde está?
3. ¿Cuántas plantas tiene la casa de Pedro?
4. ¿Dónde está?
5. ¿Vive Rafaela en una ciudad grande?
6. ¿Dónde está situado exactamente su piso?
7. ¿Cómo es el barrio?
8. ¿Cómo es la vivienda de Alfonso?
9. ¿Es pequeña?
10. ¿Qué tiene la vivienda de Alfonso que no hay en la de Rafaela?

Y usted, ¿dónde vive?

Ejercicio 2   Conversaciones

Practica estas conversaciones con tu compañero(-a).

	Ejemplo	*(a)*	*(b)*

Amigo: ¿Dónde vives?

Tú: Vivo en 6, Adam Street, Brighton.

Amigo: ¿Vives en un piso?

Tú: No. Vivo en una casa de dos plantas.

Amigo: ¿Dónde está tu casa exactamente?

Tú: Está en las afueras de la ciudad.

Amigo: ¿Cómo es tu casa?

Tú: Es pequeña y moderna.

2 En el piso de María José

En mi piso hay una cocina, un comedor, una sala de estar, un vestíbulo, un cuarto de baño, tres dormitorios y un balcón. No tenemos ni garaje ni jardín.

En la casa de Pedro

En mi casa, en la planta baja, tenemos un vestíbulo, una cocina, un comedor muy grande que da a una terraza, un salón y un aseo. Nuestro garaje está en el sótano. Si subes la escalera, en el primer piso tenemos dos cuartos de baño, cuatro dormitorios y otra terraza. También hay dos pasillos y, arriba de todo, tenemos un desván. Afuera, tenemos mucho césped, algunas flores y un patio para las barbacoas.

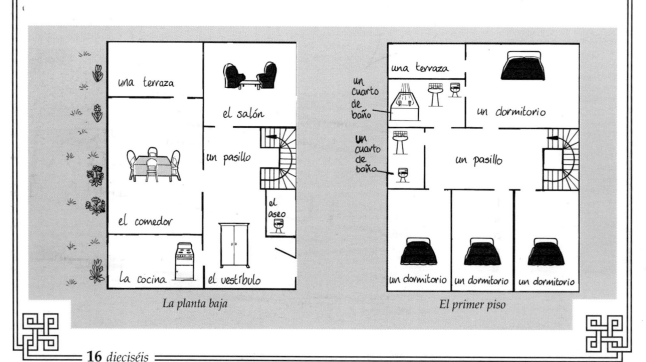

La planta baja   *El primer piso*

Ejercicio 3   ¿Vives en un piso o en una casa?

Practica estas preguntas con un compañero o una compañera.

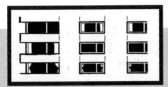

En un piso

1. ¿Es grande o pequeño?
2. ¿Es moderno o viejo?
3. ¿Cuántas habitaciones tiene?
4. ¿Cuántos dormitorios tiene?
5. ¿Qué otras habitaciones hay?
6. ¿Cuántos cuartos de baño hay?
7. ¿Tiene balcón?
8. ¿Tiene garage?
9. ¿Hay ascensor?
10. ¿Puedes tener animales?

En una casa

1. ¿Es grande o pequeña?
2. ¿Cuántas plantas tiene?
3. ¿Cuántas habitaciones hay en la planta baja?
4. ¿Cuántas habitaciones hay en el primer piso?
5. ¿Cuántos dormitorios tiene?
6. ¿Tienes tu propio dormitorio o lo compartes con alguien?
7. ¿Cuántos cuartos de baño tiene?
8. ¿Tiene jardín?
9. ¿Cómo es el jardín?
10. ¿Tiene garaje?

¿Cuántas habitaciones hay?	Hay… habitaciones.	
¿Cuáles son?	Son	una cocina, un comedor, una sala de estar, un salón, un vestíbulo, un cuarto de baño, _una trascocina_ un dormitorio, un aseo, un wáter, un desván, un sótano.
¿Tienes jardín? patio? balcón? garaje?	Sí. Tenemos… . No. No tenemos… .	
¿Cómo es el jardín?	Tiene	césped. flores. un patio para las barbacoas.

¿Puedes tener animales?

La casa de Tony

La familia de Tony acaba de comprar una casa en Poppleton, cerca de York. Tony ya se escribe con María José para practicar el español. He aquí la carta en que le explica cómo es su casa nueva.

already
— to her
Here is

> Poppleton, 3 de mayo de 1991
>
> Querida María José,
>
> Espero que tú y tu familia estéis bien de salud. Te voy a explicar un poco cómo es nuestra casa nueva. Es de ladrillo y tiene dos plantas. Hay doce habitaciones. En la planta baja, hay un salón bastante grande, un comedor, una cocina y una trascocina y también un wáter. En el primer piso, hay cinco dormitorios y dos cuartos de baño. Uno de los cuartos de baño tiene baño y ducha.
>
> Afuera, hay un garaje doble y dos jardines — uno, que es más pequeño, delante de la casa, y otro detrás. Los jardines tienen césped y muchas flores. En el jardín detrás de la casa, hay tres árboles frutales — un manzano, un ciruelo y un peral.
>
> Tengo mi propio dormitorio. No tengo que compartir con mis hermanos. Está muy bien para estudiar.
>
> Un abrazo muy fuerte de
>
> Tony

Ejercicio 4   ¿Verdad o mentira?

1. La casa de Tony es vieja.
2. Es de una sola planta.
3. Tiene diez habitaciones.
4. Tiene cinco dormitorios y dos jardines.
5. Tiene dos cuartos de baño.
6. Los dos cuartos de baño tienen baño y ducha.
7. En el garaje hay sitio para dos coches.
8. Los dos jardines tienen flores y árboles frutales.
9. El jardín detrás de la casa es más grande que el jardín delante de la casa.
10. Tony comparte su dormitorio con su hermano.

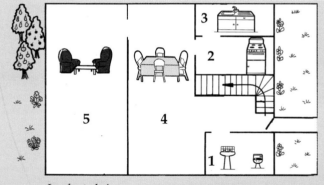

La planta baja

El primer piso

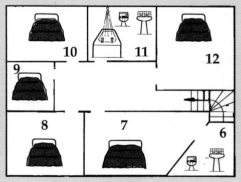

La casa de Tony

Ejercicio 5   ¿Qué habitaciones hay?

En tu cuaderno, en español, escribe los nombres de los cuartos que corresponden a los números en el plano de la página anterior.

Ejercicio 6   ¡Ahora tú!

Haz un plano de tu casa en tu cuaderno y pon los nombres de las habitaciones en español.

Ejercicio 7   Redacción

En tu cuaderno, en español, escribe una carta breve a un amigo español, explicándole cómo es tu casa. Usa la carta de Tony en la página anterior como modelo.

Ejercicio 8   Conversaciones

Practica estas conversaciones con tu compañero(-a).

Ejemplo   (a)   (b)

Tú: ¿Cuántas plantas tiene tu casa?

Amigo: Tiene dos plantas.

Tú: ¿Es grande o pequeña?

Amigo: Es bastante pequeña.

Tú: ¿Es moderna?

Amigo: No. Es vieja.

Tú: ¿Cuántas habitaciones hay?

Amigo: En la planta baja hay una cocina y una sala de estar. En el primer piso hay dos dormitorios y un cuarto de baño.

Tú: ¿Tiene jardín?

Amigo: Sí. Tiene un jardín pequeño detrás de la casa.

2

EN EL HOGAR

Dentro de casa

En España y en Inglaterra, los muebles de casa son parecidos. La mayoría de las casas en Inglaterra tienen calefacción central. En Inglaterra, también, las casas normalmente tienen más electrodomésticos que las viviendas españolas.

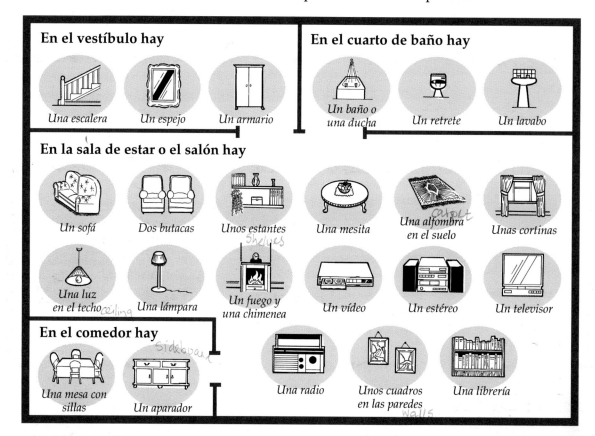

En el vestíbulo hay

Una escalera — Un espejo — Un armario

En el cuarto de baño hay

Un baño o una ducha — Un retrete — Un lavabo

En la sala de estar o el salón hay

Un sofá — Dos butacas — Unos estantes — Una mesita — Una alfombra en el suelo — Unas cortinas

Una luz en el techo — Una lámpara — Un fuego y una chimenea — Un vídeo — Un estéreo — Un televisor

En el comedor hay

Una mesa con sillas — Un aparador — Una radio — Unos cuadros en las paredes — Una librería

María José explica

En mi piso, hay un salón grande que sirve de sala de estar y comedor.
Este salón es rectangular. La alfombra es gris, las cortinas son azules y las paredes están pintadas en rosa. Es una habitación muy cómoda.

Ejercicio 9   ¿Y tú?

¿Qué tienes en el salón y el comedor de tu casa y cómo son? Escribe una breve descripción en tu cuaderno.

En la cocina normalmente hay

Una cocina de gas o una cocina eléctrica. Las dos tienen horno.oven

Una congeladora

Una nevera o un frigorífico

Una secadora

Un lavaplatos o un lavavajillas

Un microondas

Una lavadora

Ejercicio 10   ¿Y tú?

¿Qué electrodomésticos tienes en la cocina de tu casa? Haz una lista en tu cuaderno.

En el dormitorio hay

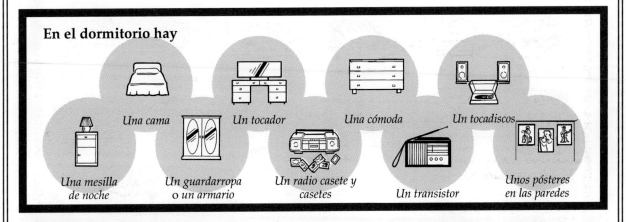

Una cama

Un tocador

Una cómoda

Un tocadiscos

Una mesilla de noche

Un guardarropa o un armario

Un radio casete y casetes

Un transistor

Unos pósteres en las paredes

Pedro explica

Tengo mi propio dormitorio. Está pintado en verde. Las cortinas son amarillas. El edredón es marrón. Tengo muchos pósteres de cantantes y grupos de música pop en las paredes. En mi dormitorio, escucho discos y cintas y trabajo con mi ordenador. Me gusta mucho mi dormitorio porque es un sitio tranquilo donde puedo estudiar.

tapes.

Ejercicio 11   ¿Y tú?

¿Cómo es tu dormitorio? ¿Qué hay en él? Haz un plano en tu cuaderno y pon los nombres de las cosas en español.

2

En el jardín

La mayoría de los españoles viven en pisos y no tienen jardín. Por eso, hay muchos parques en España y todos los pisos tienen plantas en los balcones.

En Inglaterra, casi todas las casas tienen jardín. En un jardín típico inglés, siempre hay césped y flores, muchas flores y arbustos. También hay muchos árboles frutales: manzanos, perales, ciruelos, y, donde hay sitio, árboles grandes. En España hace mucho calor. En Inglaterra, el tiempo no es tan bueno. Muchos jardines en Inglaterra tienen invernaderos para que el frío no afecte a las flores.

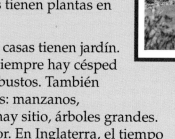

Un jardín típico inglés

Un balcón típico español

Ejercicio 12   ¿Cuáles son las respuestas?

Contesta estas preguntas en tu cuaderno.
1. ¿Por qué hay muchos parques en España?
2. ¿Qué tienen los españoles en sus balcones?
3. ¿Qué hay en todos los jardines en Inglaterra?
4. ¿Qué clase de árboles hay en muchos jardines en Inglaterra?
5. ¿Por qué hay invernaderos en muchos jardines ingleses?

A las españolas les gustan las rosas.

Las flores

A los españoles les gustan mucho las flores. Les gustan las rosas , los

claveles , los geranios y otras muchas flores. Un jardín

típico inglés tiene rosales , crisantemos

y dalias , y en primavera siempre hay narcisos

y tulipanes en cantidad.

22 *veintidós*

Ejercicio 13   ¿Cómo es tu jardín?

Practica estas conversaciones con un companero(-a).

	Ejemplo	*(a)*	*(b)*

Tú: ¿Tienes jardín?

Amigo: Sí. Tengo jardín.

Tú: ¿Cómo es?

Amigo: Es redondo y bastante pequeño.

Tú: ¿Qué hay en tu jardín?

Amigo: Hay césped y dos manzanos.

Tú: ¿Qué flores hay?

Amigo: Hay muchas rosas.

Ejercicio 14   Una encuesta

1 He aquí los resultados de una encuesta entre los compañeros de clase de Tony sobre las flores. Míralos y contesta las preguntas en tu cuaderno.

	sí	no
¿Tienes jardín en casa?	23	4
¿Te gustan las flores?	19	8

	rosas	claveles	crisantemos	dalias	tulipanes	narcisos
¿Qué flores hay en tu jardín?	17	11	14	7	19	22

1. ¿Cuántos no tienen jardín?
2. ¿Cuál es la flor más popular?
3. ¿Cuál es la flor menos popular?

2 Ahora, haz una encuesta parecida en tu clase.

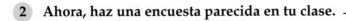

2

Ejercicio 15   Se vende...

Lee este anuncio. Quieres vender tu casa o piso. Escribe un anuncio parecido para poner en el periódico.

UN CHALET EN LA COSTA

SE VENDE Chalet de una planta con 4 dormitorios, 2 cuartos de baño, salón grande con chimenea, cocina amueblada con electrodomésticos, jardín, tenis, piscina cubierta y garaje doble. Tel: 326200.

¡Pase sus vacaciones en la costa! Nuestros chalets están bien amueblados y todos tienen material de cocina.

Equipo en los chalets

En el dormitorio

 Dos camas
 Dos almohadas
 Dos edredones
 Cuatro sábanas
 Dos mantas
 Diez perchas

En el cuarto de baño

Cuatro toallas

En la cocina

 Seis platos
 Seis tazones

En la sala de estar

 Cuatro cojines

 Seis vasos
 Seis tazas
 Seis tenedores
 Seis cucharas
 Una cafetera
 Un sacacorchos

 Seis platillos
 Seis cuchillos
 Seis servilletas de tela
 Un mantel
 Una aspiradora
 Un abrelatas

 Una jarra
 Una sartén
 Tres cacerolas
 Un cepillo y cogedor
 Una plancha

Ejercicio 16 ¿Está completo el equipo?

Mira el folleto y decide lo que falta en este chalet.
La lista pone las cosas que tiene en realidad.

┌─── Ejemplo ───┐

1 × almohada │ 1 (2) ✓ │ 1 ⁻ │

En el dormitorio
2 × camas
1 × almohada
2 × edredones
4 × sábanas
1 × manta
6 × perchas

En el cuarto de baño
2 × toallas

En la sala de estar
2 × cojines

En la cocina
5 × platos
3 × vasos
3 × tazas
4 × cuchillos
4 × tenedores
6 × cucharas

1 × jarra
2 × servilletas
5 × platillos
5 × tazones
1 × mantel
1 × sartén
2 × cacerolas
1 × plancha
1 × aspiradora
1 × cepillo y cogedor
1 × sacacorchos
0 × cafetera
0 × abrelatas

Lo siento, querido. No encuentro el abrelatas.

2

¿Qué hay en el vestíbulo?	Hay	una escalera, un armario. un espejo,
¿Qué hay en el cuarto de baño?	Hay	un lavabo, un baño o una ducha. un retrete,
¿Qué hay en el salón?	Hay	un sofá, un vídeo, dos butacas, un estéreo, unos estantes, un televisor, una mesita, una radio, una lámpara, una librería. unas cortinas, un fuego y una chimenea, una alfombra en el suelo, una luz en el techo, unos cuadros en las paredes,
¿Qué hay en el comedor?	Hay	una mesa con sillas, un aparador.
¿Qué hay en la cocina?	Hay	una cocina de gas o una cocina eléctrica, una nevera o un frigorífico, un lavaplatos o un lavavajillas, una lavadora, un microondas, una congeladora, una secadora. un fregadero,
¿Qué hay en el dormitorio?	Hay	una cama, un tocadiscos, un tocador, un transistor, una cómoda, una mesilla de noche. un guardarropa o un armario, un radiocasete y casetes, unos pósteres en las paredes,
¿Cómo es… ?	Es	cuadrado(-a). pequeño(-a). rectangular. cómodo(-a). redondo(-a). incómodo(-a). grande. tranquilo(-a).
	Está	pintado(-a) en… .
¿Qué hay afuera?	Hay	una terraza, un jardín, un patio, un garaje.
¿Qué hay en el jardín?	Hay	césped, unos arbustos, unas flores, unos árboles un invernadero, frutales.

EN LA CIUDAD O EL PUEBLO

3

MÁLAGA

Retrato de una ciudad

Málaga está situada al sur de la región de Andalucía que también está en el sur de España. Es la capital de la provincia de Málaga. Tiene 450.000 habitantes.

Está en la Costa del Sol. Es un puerto de mar. Millones de turistas llegan a Málaga cada año. Van a pasar sus vacaciones en varios lugares de veraneo de la costa del Mediterráneo.

Es también un centro comercial e industrial importante. El centro de Málaga tiene muchas tiendas buenas y almacenes donde se puede comprar de todo.

Es, además, una ciudad muy histórica. Tiene un teatro romano, y el castillo de Gibralfaro fue reconstruido por los moros al construir la Alcazaba. En 1487, los Reyes Católicos, Fernando e Isabel, expulsaron a los moros de Málaga. La catedral data de 1528. Hay muchos museos en Málaga, en particular: el Museo Arqueológico, el Museo de Bellas Artes y el Museo del Palacio Episcopal. La ciudad también tiene muchas iglesias y unos jardines preciosos.

Ejercicio 1   ¿Verdad o mentira?

1. Málaga está situada en el sur de España a orillas del mar.
2. Málaga es la capital de la provincia de Granada.
3. Tiene quinientos cuarenta mil habitantes.
4. Málaga tiene puerto de mar.
5. Es un lugar veraniego.
6. Málaga no tiene un casco comercial importante.
7. Málaga le ofrece poco al turista extranjero.
8. Málaga tiene muchos monumentos históricos.
9. La catedral data de mil quinientos veintiséis.
   10. En Málaga no hay jardines.

3

Ejercicio 2   Redacción

Copia el párrafo que sigue en tu cuaderno. Añade las palabras que faltan.

Málaga es una c _ _ _ _ _ muy importante que está situada en el s _ _ de España en
la r _ _ _ _ _ de Andalucía. Es la c _ _ _ _ _ _ de la p _ _ _ _ _ _ _ de Málaga. Está
situada en la c _ _ _ _ del Mediterráneo. Málaga tiene cuatrocientos cincuenta mil
h _ _ _ _ _ _ _ _ _ . Las t _ _ _ _ _ _ del centro son muy b _ _ _ _ _ y venden de todo.
Málaga es un centro i _ _ _ _ _ _ _ _ _ también. Hay muchos monumentos
históricos en Málaga como un t _ _ _ _ _ r _ _ _ _ _ , una c _ _ _ _ _ _ _ y un
c _ _ _ _ _ _ _ . Además, Málaga tiene sus lugares verdes.

NERJA

Retrato de un pueblo

Nerja es un pueblo muy
pintoresco, que está a unos
cincuenta kilómetros de Málaga,
en la carretera de Almería (la
N.340). Tiene casi 10.000
habitantes.

Nerja es famosa por sus vistas de
mar y de montaña, por su barrio
de pescadores y por las cuevas
subterráneas que hay a unos tres
kilómetros del pueblo. El paisaje
alrededor de Nerja es bastante
montañoso. También tiene
playas bonitas.

El balcón de Europa es un lugar
desde donde se puede ver toda
la zona. Es una vista panorámica
hermosa.

... es	una ciudad un pueblo una aldea	grande. pequeño(-a). muy grande/pequeño(-a). bastante grande/pequeño(-a).
Tiene... habitantes.		
Está situado(-a)	a	... kilómetros de... . orillas del mar.
	en	el norte. el noroeste. el sur. el noreste. el este. el sureste. el oeste. el suroeste. la costa. el campo. la montaña. la región de... .
Tiene	un casco comercial.	
Hay	monumentos históricos como... . muchas tiendas, iglesias, etc. una playa.	
Es famoso(-a) por su... .		
Es	un puerto de mar. una ciudad histórica/turística/industrial. un pueblo pintoresco. una capital de provincia.	

Ejercicio 3   ¿Qué opinas?

¿Cómo es tu ciudad o pueblo? Copia este cuadro y complétalo, escribiendo las frases en tu cuaderno.

Ejemplos

La ciudad donde yo vivo es bastante industrial.

Mi pueblo es muy tranquilo.

	muy	bastante	bastante	muy	
antiguo(-a)					moderno(-a)
limpio(-a)					sucio(-a)
tranquilo(-a)					ruidoso(-a)
interesante					aburrido(-a)
pintoresco(-a)					industrial
bonito(-a)					feo(-a)

Ejercicio 4   ¿Cómo sigue?

Empareja las frases.

1. Me encanta mi pueblo porque
2. Hay demasiado tráfico en mi pueblo y por eso es
3. En mi pueblo hay mucho
4. Lo malo de mi barrio es que está
5. Lo que menos me gusta de mi pueblo es que
6. Lo bueno de mi pueblo es que
7. En la ciudad, siempre
8. Prefiero vivir en una ciudad porque
9. Me gusta más vivir en el campo porque
10. Lo más interesante de mi pueblo es el puerto porque tiene

a) hay poco que hacer para los jovenes.
b) sucio.
c) ruidoso.
d) hay muchas distracciones.
e) que hacer.
f) es precioso y muy pintoresco.
g) no hay mucha industria y está rodeado por un paisaje estupendo.   *Surrounded by*
h) es más tranquilo.
i) un muelle, bares y tiendas. Hay de todo.
j) hay mucho ambiente.

Ejercicio 5   ¡Ahora tú!

En tu cuaderno, escribe una descripción en español de tu ciudad o pueblo.

1. ¿Vives en el norte, el sur, el este, el oeste o el centro de Inglaterra?
2. ¿Vives en una ciudad o en un pueblo?
3. ¿Está en la costa o en el campo?
4. ¿Es industrial/comercial/histórico(-a)/turístico(-a)?
5. ¿Cuántos años hace que vives allí?
6. ¿Cuántos habitantes tiene tu ciudad/pueblo?
7. ¿Qué distracciones hay para la juventud?
(cines •espectáculos • un centro deportivo • discotecas • un parque de atracciones • clubes para jovenes • piscinas • estadios • boleras • bares)
    8. ¿Te gusta vivir allí? ¿Por qué (no)?

¿Qué distracciones hay para los jóvenes?

INFORMACIÓN TURÍSTICA

En la oficina de información y turismo

Empleada: Buenos días. ¿En qué puedo servirle?

Pepita: Por favor, ¿tiene un plano de la ciudad?

Empleada: Sí, señora. ¡Aquí tiene!

Pepita: ¿Qué le debo?

Empleada: Nada. Es gratis.

Ejercicio 6   Conversaciones

Pídele estas cosas a un compañero o a una compañera.

| Un plano de | Un mapa de | Una lista de | Una lista de | Un programa | Un folleto de los |
| la ciudad | la región | restaurantes | hoteles y campings | para la feria | sitios de interés |

Más tarde

Empleada: Buenas tardes. ¿En qué puedo servirle?

Tony: Por favor, ¿tiene un plano de Málaga?

Empleada: Sí, señor. ¡Aquí tiene!

Tony: Gracias. ¿Qué le debo?

Empleada: Nada, señor. Es gratis. Todos los folletos, planos y mapas en esta oficina son gratis.

Tony: Entonces, ¿tiene un folleto de Málaga que explique cuáles son los sitios de interés?

Empleada: Sí. Tenemos un folleto con información sobre toda la Costa del Sol, que incluye Málaga, y también tenemos otro folleto de toda la provincia de Málaga.

Tony: ¡Estupendo! ¿Qué hay de interés en Málaga?

Empleada: Pues, hay varios lugares de interés. Está el teatro romano, el castillo de Gibralfaro, la Alcazaba, la catedral y la plaza de toros. También tiene el ayuntamiento, y después, varios museos.

Ejercicio 7   ¿Cuáles son las respuestas?

Contesta estas preguntas en tu cuaderno.

1. ¿Qué pide Tony primero?
2. ¿Cuánto cuesta la información en la oficina de turismo?
3. ¿Qué le da la empleada a Tony?
4. ¿Qué sitios de interés hay en Málaga para el turista?

Ejercicio 8   ¡Ahora tú!

¿Qué hay de interés para el turista en tu pueblo/ciudad? Haz una lista en tu cuaderno. ¿Tiene, por ejemplo, estas cosas?

un ayuntamiento	una sala de exposiciones		una catedral
un museo		iglesias	playas
un río	un parque	un centro comercial	
un castillo	monumentos		un lago

shopping centre

¿Tiene	un plano de la ciudad? un mapa de la región? una lista de hoteles? un programa para la feria? un folleto de los sitios de interés?	Sí. Tenemos. No. No tenemos.
¿Qué le debo?		Nada. Es gratis. Toda la información en esta oficina es gratis.
	¿Cuáles son los sitios/lugares de interés? ¿Qué hay de interés?	Hay varios sitios/lugares de interés. Está… . También hay… .

EL TIEMPO

¿Qué tiempo hace?

Hace calor

Hace frío

Hace sol

Hace buen tiempo

Hace mal tiempo

Hace viento

Está nublado

Está despejado
clear sky

Está lloviendo

Está nevando

Hay hielo
ice

Hay niebla
fog/mist

Hay tormenta
o hay tempestad

Hay truenos

Hay relámpagos
lightning

Ejercicio 9   ¿Qué dicen?

Pon las letras en orden en todas estas frases.

1 ache nube petimo   2 yah inabel

3 setá dubanol   4 yah ttaeomrn

5 echa los   6 hcea ríof   7 each lorca

8 ceah inotve   9 tseá llvnoieod

Las estaciones del año

La primavera

El verano

El otoño

El invierno

¿Qué tiempo hace en el sur de España?

En Málaga, hay 325 días de sol al año. Llueve poco, no nieva casi nunca y no hace mucho frío en los meses de enero, febrero y marzo, o sea, en invierno. El clima del sur de España es mucho más agradable que el clima de Inglaterra.

¿Qué tiempo hace en Inglaterra?

En Inglaterra, sin embargo, el tiempo es más variable.

En invierno, a veces, hace mucho frío y hay nieve y lluvia. El tiempo normalmente no es muy bueno. Y además, se hace de noche muy pronto. A las cuatro o las cinco de la tarde ya está oscuro.

En primavera, el tiempo es un poco mejor. Todavía llueve y hay días de frío, pero el tiempo es menos severo. Las flores empiezan a salir y hay un aspecto más alegre. También, los días son más largos.

Durante el verano, el tiempo es mejor y menos variable. Hace sol y hay días de mucho calor. Hace buen tiempo y llueve poco.

El otoño es la estación del año de los vientos y de la niebla. No hace tanto calor y hay días cuando hace bastante frío.

Ejercicio 10   ¿Verdad o mentira?

Escribe las frases que no son verdad de forma correcta en tu cuaderno.

1. Hace sol en el sur de España todo el año.
2. Casi nunca nieva en Málaga, pero llueve bastante.
3. A veces, hace fresco en España en invierno.
4. En Inglaterra, en invierno, el tiempo es bastante malo.
5. En invierno, en Inglaterra, se hace de día muy pronto.
6. El clima inglés no es muy severo en primavera.
7. En primavera, en Inglaterra, los días son más largos que en invierno.
8. El verano inglés es la época del año de más calor.
9. El otoño en Inglaterra es la época de vientos y nieve.
10. A veces, en otoño, llueve a cántaros en Inglaterra.

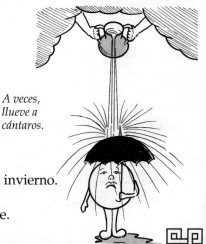

A veces, llueve a cántaros.

3

Ejercicio 11   ¿Qué dicen?

Llena los huecos en las frases que siguen con palabras apropiadas. Escribe las frases completas en tu cuaderno.

1. Los meses de invierno son _____.

2. Setiembre, octubre y noviembre son los meses de _____.

3. La primavera dura desde marzo hasta _____

4. Hace más calor en el _____

5. En Málaga, hay muchos días de sol y pocos días de _____.

6. El tiempo en España es menos _____ que en Inglaterra.

7. En primavera, normalmente hace _____ tiempo en Inglaterra.

8. En verano en Inglaterra hace _____

9. En invierno en Inglaterra a veces _____

10. En otoño en Inglaterra hace _____

Ejercicio 12   ¡Ahora tú!

Escribe unas frases en español sobre el tiempo que hace en la región donde vives.

En invierno...
Durante la primavera...

El verano es...
Cuando llega el otoño...

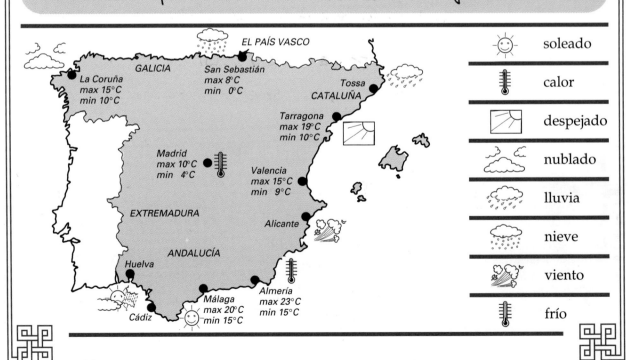

Ejercicio 13   ¿Cuáles son las respuestas?

Mira el pronóstico meteorológico para hoy, martes, 23 de marzo, en la página anterior.

1. ¿Qué tiempo hace hoy en La Coruña?
2. ¿Cuál es la temperatura máxima en Valencia hoy?
3. ¿Hace buen tiempo en San Sebastián hoy?
4. ¿Cuál es la temperatura mínima en Almería hoy?
5. ¿A cuántos grados está en Madrid hoy?
6. ¿Es agradable el tiempo en Tossa hoy?
7. ¿Está nublado el cielo en Tarragona hoy?
8. ¿En qué sitio hace más calor?
9. ¿Dónde hace más frío?
10. ¿Qué tiempo hace en Málaga hoy?

Ejercicio 14   Completa las frases

Mira el mapa y escribe las frases completas en tu cuaderno.

1. Hoy está a un maximo de _____ grados en San Sebastián.
2. Hoy la temperatura máxima en Tarragona es _____ grados.
3. Hoy la temperatura mínima en La Coruña es _____ grados.
4. Hoy está a un mínimo de _____ grados en Málaga.
5. Hoy la temperatura máxima en Valencia es _____ grados.
6. Hoy la temperatura mínima en Almería es _____ grados.

Ejercicio 15   ¿Qué tiempo va a hacer mañana?

Copia este cuadro en tu cuaderno. Luego, escucha el pronóstico para mañana y rellena el cuadro.

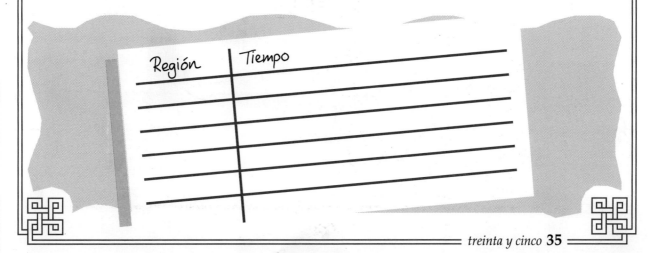

Región	Tiempo

Ejercicio 16 ¿Adónde van?

En tu cuaderno, pon cada palabra en uno de estos cinco grupos. Utiliza tu diccionario.

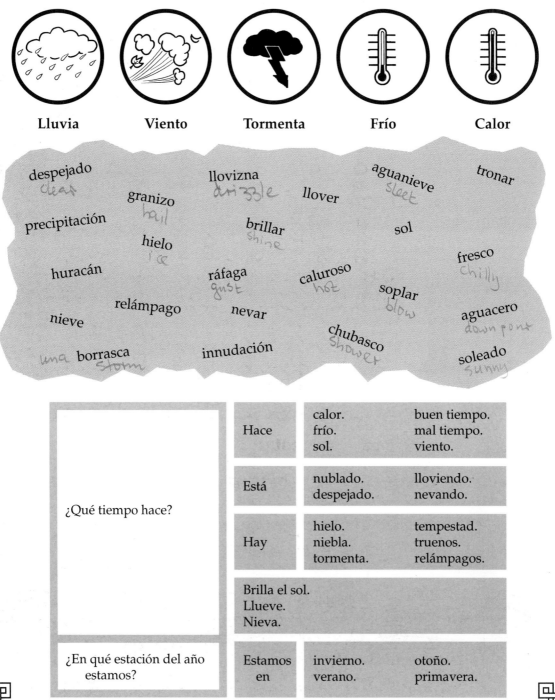

| Lluvia | Viento | Tormenta | Frío | Calor |

despejado
clear

granizo
hail

precipitación

hielo
ice

huracán

nieve

una borrasca
storm

relámpago

llovizna
drizzle

brillar
shine

ráfaga
gust

nevar

innudación

llover

aguanieve
sleet

sol

caluroso
hot

soplar
blow

chubasco
shower

tronar

fresco
chilly

aguacero
downpour

soleado
sunny

¿Qué tiempo hace?	Hace	calor.	buen tiempo.
		frío.	mal tiempo.
		sol.	viento.
	Está	nublado.	lloviendo.
		despejado.	nevando.
	Hay	hielo.	tempestad.
		niebla.	truenos.
		tormenta.	relámpagos.
	Brilla el sol. Llueve. Nieva.		
¿En qué estación del año estamos?	Estamos en	invierno. verano.	otoño. primavera.

EN EL COLEGIO

4

¿QUÉ ESTUDIAS?

Lo que estudian en España

María José Herrero Sanz, la amiga española de Tony, tiene catorce años. Va al instituto 'La Virgen de la Victoria' en Málaga. Está estudiando primero de BUP (Bachillerato Unificado Polivalente).

El primo de María José se llama David Sanz Flaqué. Él vive en Valencia. Tiene trece años. Está estudiando en el colegio de EGB 'Los Reyes Católicos'. David está en octavo de EGB (Educación General Básica).

EDUCACIÓN PRIMARIA		EDUCACIÓN SECUNDARIA	
Edad	Curso	Edad	Curso
10–11	5° de EGB	14–15	1° de BUP
11–12	6° de EGB	15–16	2° de BUP
12–13	7° de EGB	16–17	3° de BUP
13–14	8° de EGB	17–18	COU (Curso de Orientación Universitaria)

Ejercicio 1 ¿En qué curso están?

Mira el cuadro de los cursos que hay en los colegios españoles. Luego, pregúntale a tu compañero(-a) en qué curso están estos alumnos.

— Ejemplo —

Tú: ¿En qué curso está María José?
Compañero(-a): Tiene catorce años, por lo tanto está en primero de BUP.

Sigue...

Como David vive en Valencia, tiene que estudiar valenciano tres horas a la semana, además de estudiar la gramática del castellano, asignatura que se llama 'lenguaje' y es obligatoria en toda España. También estudia inglés. En Málaga, María José estudia castellano e inglés. Le gustan los idiomas. Como tiene un año más de edad que David, María José tiene una hora más de clase al día. Todos los días empiezan con una asamblea general de los alumnos y profesores para la oración. A mediodía, hay un descanso para el almuerzo. En España, la mayoría de los alumnos van a casa para comer. Normalmente, los colegios no tienen cantina.

Día / Hora	lunes	martes	miércoles	jueves	viernes
9.00–9.15	Oración	Oración	Oración	Oración	Oración
9.15–10.15	Matemática	Valenciano	Tutoría	Inglés	Naturaleza
10.15–11.10	Lenguaje	Religión	Historia	Dibujo	Lenguaje
11.10–11.30	Recreo	Recreo	Recreo	Recreo	Recreo
11.30–12.20	Inglés	Historia	Valenciano	Religión	Historia
12.20–1.15	Religión	Música	Matemáticas	Música	Dibujo
3.00–4.00	Música	Naturaleza	Inglés	Gimnasia	Matemáticas
4.00–5.00	Dibujo	Gimnasia	Lenguaje	Naturaleza	Valenciano

Colegio — LOS REYES CATÓLICOS, VALENCIA
Alumno — David Sanz Flaqué

El horario de David

Ejercicio 2   ¿Verdad o mentira?

Si contestas 'mentira', escribe la frase en forma correcta en tu cuaderno.

1. Las clases empiezan a las nueve.
2. David tiene seis horas de clase al día.
3. Los miércoles, David tiene tutoría.
4. David estudia inglés y francés.
5. David estudia castellano los lunes, miércoles y jueves.
6. David tiene tres horas de matemáticas a la semana.
7. Hay recreo todos los días por la mañana.
8. El descanso para el almuerzo dura dos horas.
9. Los alumnos suelen comer en la cantina del colegio.
   10. Las clases terminan a las cinco de la tarde.

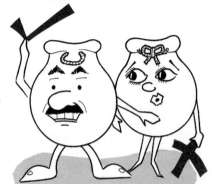

sé escribir con llevar (...time) estudiando
spend time

Lo que estudian en Inglaterra

together
choose

David se escribe con una inglesa que se llama Lucy. Lucy
tiene trece años como David. Lucy tiene un hermano gemelo
que se llama Paul. Lucy y Paul van al mismo colegio en
Inglaterra y están en el año nueve en el instituto.

Los dos estudian inglés, español, matemáticas, educación
física, religión, ciencias, informática, artesanía, dibujo y
tecnología (CDT). Lucy también estudia historia pero Paul ha
escogido geografía. Lucy y Paul también tienen una tutoría a
la semana (PSE). Los gemelos llevan dos años estudiando
español y hacen dos horas de deberes al día.

Lucy y Paul tienen cuatro horas y cuarenta minutos de clases al día. Las clases sólo
duran treinta y cinco minutos. Normalmente, tienen ocho clases al día. Hay
cuarenta clases a la semana.

El instituto de Lucy y Paul empieza a las nueve menos diez. Primero, el profesor
pasa la lista, después hay asamblea. Hay dos recreos al día, uno por la mañana a las
diez y media que dura quince minutos y otro por la tarde a las dos y veinticinco
que dura diez minutos. Las clases terminan a las cuatro menos cuarto. Hay una
hora a mediodía para comer. Lucy y Paul comen en el comedor, como la mayoría
de los estudiantes ingleses.

Ejercicio 3   ¿Has comprendido?

**Copia este cuadro en tu cuaderno. Usa la información sobre María José y David, Lucy
y Paul para completarlo.**

Hora de empezar el instituto			
Hora de terminar el instituto			
Número de recreos			
Número de clases por día			
Idiomas que estudian			
Asignaturas comunes			
Número de clases a la semana			
Duración de las clases			
Curso en que están			

4

Ejercicio 4 ¿Qué hacen los martes?

Copia este cuadro en tu cuaderno y luego complétalo con la información necesaria.

Alumno	Horario							
Miguel	9.00	9.20	10.20–10.40	10.40–11.40	11.40–12.00	12.00–1.00	1.00–2.00	2.00–4.00
Carmen	8.50	9.15	10.00	10.45–11.05	11.05	11.50	1.10	1.55–3.25
Laura	9.15	9.30–10.15	10.15–11.00	11–11.30	11.30–12.30	12.30–1.30	1.30–3.30	3.30–4.30	4.30–5.30

Ejercicio 5 ¡Ahora tú!

1 Utiliza el horario de David en la página 38 como modelo. Luego, escribe en español, en tu cuaderno, el horario que tienes tú.

2 Trabaja con un compañero o con una compañera. Lee en voz alta el horario del día que más te gusta. Tu compañero(-a) lo escribe. Ahora, tienes que comprobar la información con él/ella para ver si te ha entendido bien.

Ejercicio 6 Rellena los espacios

Mira la pizarra para encontrar las palabras que faltan.

Querido David
Estoy en el tercer _____ . Estudio nueve
_____ . El colegio _____ a las nueve. El
profesor _____ lista y después tenemos
una _____ de diez minutos. Hay ocho
_____ al día. Las clases _____ treinta y
cinco minutos. Hay dos _____ , uno por, la mañana,
que dura quince minutos, y otro por la tarde que dura
diez minutos. El instituto _____ a las cuatro
menos cuarto. Hay una _____ por semana.
Los otros días, nos quedamos en el _____ de
nuestro tutor. Tengo dos horas de _____
cada día. Tenemos una hora a mediodía para comer y
descansar. _____ en la cantina. No voy a
_____ para comer. Escríbeme pronto y dime
cómo es tu instituto.

Un abrazo de *Lucy*

casa	asamblea
termina	duran
clases	como
aula	empieza
deberes	pasa
recreos	tutoría
asignaturas	año

4

| ¿En qué curso estás? | Estoy en | el primer el tercer el quinto
el segundo el cuarto el sexto | curso. |

| ¿Cuántas asignaturas estudias? | Estudio… asignaturas. |

¿Cuáles son?	Estudio… idioma(s).	
	Es/son	el español. el francés. el alemán. el inglés. el italiano. el latín.
	También hago/ estudio	educación física. química. artesanía dibujo y CDT deportes. biología. tecnología. gimnasia. historia. trabajos manuales. matemáticas. geografía. cocina. religión. dibujo. corte y confección. ciencias. música. física. informática.

| ¿Cuántas horas de… tienes a la semana? | Tengo… horas de… a la semana. |

| ¿Cuánto tiempo hace que estudias… ? | Estudio… desde hace… años. |

| ¿Cuántas horas de deberes tienes al día? | Tengo… horas de deberes al día. |

| ¿A qué hora | empieza
empiezan | el instituto?
las clases? | El instituto
Las clases | empieza
empiezan | a las… . |

| ¿A qué hora | termina
terminan | el instituto?
las clases? | El instituto
Las clases | termina
terminan | a las… . |

| ¿Cuántas horas de clase tienes al día?
¿Cuánto tiempo duran las clases? | Tengo… horas de clase al día.
Duran… . |

| ¿Qué clases tienes los martes? | Tengo… . |

| ¿Cuántos recreos hay? | Hay… recreos, uno desde las… hasta las…
y otro desde las… hasta las… . |

| ¿A qué hora es el descanso para el almuerzo? (break) | De las… a las… . |

| ¿Cuánto tiempo dura? | Dura… minutos. |

| ¿Dónde comes? | Como en la cantina/en casa. |

| ¿A qué hora pasan (la) lista en tu instituto? | Pasan (la) lista a las… . (Take the register) |

| ¿Cuántas asambleas hay por semana? | Hay… asamblea(s). |

| ¿Tienes tutoría? | Sí. Tengo tutoría.
No. No tengo tutoría. |

4

¿Te gustan las asignaturas que estudias?

A mí me gustan todas las asignaturas. Me gusta mucho estudiar.

María José

Me gusta mucho la historia. Es muy interesante.

David

 A mí no me gustan nada los deportes. No soy deportista.

Gregorio

 Detesto la geografía porque es muy aburrida.

Esteban

A mí no me gusta nada estudiar. Y sobretodo, detesto la física.

Pablo

A mí no me gusta nada la historia. Es muy difícil. Además, no me gusta nada estudiar.

Alberto

 Yo prefiero el inglés porque es bastante fácil. Se me da bien.

Laura

 Para mí el deporte es lo ideal. Me encanta. Es muy divertido.

Luisa

Para mí las ciencias son muy difíciles. No se me dan bien. Me gustan más los idiomas.

Miguel

Para mí el francés es muy difícil, y además, me aburre.

Carmen

Ejercicio 7   ¿Cuáles son estas asignaturas?

1 n ó d e c a i c u   c a s í f i

2 t i s r h o i a

3 n i a s i c e c

4 ñ a p l o s e

5 g o f í a r a e g

6 e m c á s i t a m a t

Ejercicio 8   ¿Tú qué opinas?

Pregúntale a tu compañero(-a) si le gustan las asignaturas del Ejercicio 7 y por qué.

Ejemplo

Tú: ¿Te gusta el francés?
Compañero(-a): No mucho.

Tú: ¿Por qué?
Compañero(-a): Porque es muy difícil y no se me da bien.

Ejercicio 9   Preferencias

¿Cuál es la asignatura que más te gusta y la que menos te gusta? ¿Por qué? Pregúntale a tu compañero(-a).

A mí, lo que más me gusta es la química.

¿Cuál es la asignatura que más te gusta?	Me gusta(n)… . Me gusta(n) mucho… . Me gusta(n) más… . Prefiero… . Para mí, … es lo ideal. Me encanta(n)… .
¿Cuál es la asignatura que menos te gusta?	No me gusta(n) (nada)… . Detesto… .

¿Por qué?	Porque	es son	interesante(s). fácil(es). divertido(-a)(s). aburrido(-a)(s).
		se me da(n) bien. *It suits me I'm good at it* no se me da(n) bien.	

4

PROFESORES Y ALUMNOS

¿Cómo son tus profesores?

María José

Mis profesoras son muy amables, pero hay algunas… Por ejemplo, la profesora de ciencias tiene poca paciencia y no explica muy bien. Nos hace escribir mucho y nos da demasiados deberes.

David

Yo tengo profesores buenos y profesores malos. El profesor de historia es muy severo, pero es simpático también. El profesor de naturaleza, sin embargo, no es severo. Me gusta más el profesor de historia porque con él aprendo más.

Gregorio

Mis profesores son muy simpáticos y amables. Todos me gustan mucho, porque son buenos y enseñan muy bien.

Laura

La profesora de física no me gusta nada. Enseña muy mal. Es muy seria y antipática. El profesor de matemáticas, sin embargo, es muy divertido y sus clases son siempre muy interesantes.

Esteban

El profesor de geografía es muy aburrido. Siempre estamos escribiendo notas en los cuadernos. Sus clases no son ni interesantes ni divertidas tampoco. Grita mucho y es muy desagradable.

neither

Carmen

La profesora de inglés es muy estricta. Nos hace trabajar mucho. La profesora de dibujo es muy joven pero tiene mucha paciencia y no nos hace tomar apuntes.

Ejercicio 10   ¡Ahora tú!

Escoge dos de los profesores o las profesoras que más te gustan. ¿Por qué te gustan? En tu cuaderno, escribe dos o tres frases al lado del nombre de cada uno/una.

--- Ejemplo ---

La profesora de español.   Me gusta porque es divertida, simpática e interesante. Además, enseña muy bien.

Ejercicio 11   Adivinanzas

En tu cuaderno, escribe una breve descripción de un profesor o una profesora, pero sin decir quién es. Utiliza las frases del cuadro. Luego, lee tu descripción a tu compañero(-a). Él/Ella tiene que adivinar de quién se trata.

Ejemplo

Es amable pero no tiene mucha paciencia. Sus clases son interesantes.

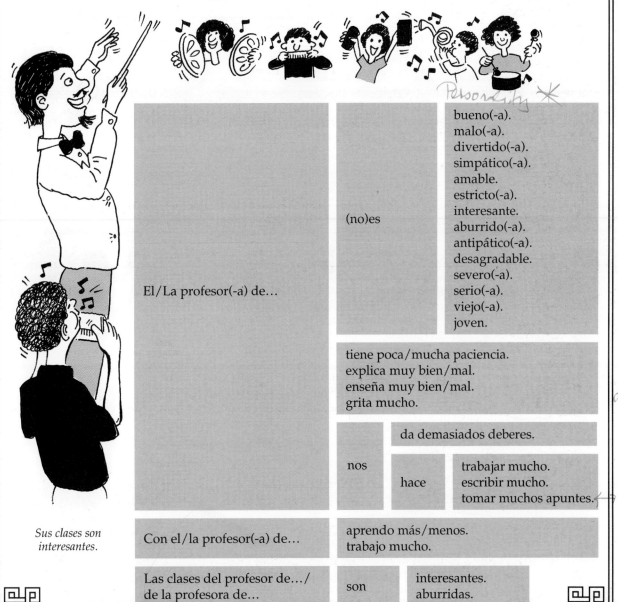

El/La profesor(-a) de…	(no)es	bueno(-a). malo(-a). divertido(-a). simpático(-a). amable. estricto(-a). interesante. aburrido(-a). antipático(-a). desagradable. severo(-a). serio(-a). viejo(-a). joven.
	tiene poca/mucha paciencia. explica muy bien/mal. enseña muy bien/mal. grita mucho.	
	nos	da demasiados deberes.
		hace	trabajar mucho. escribir mucho. tomar muchos apuntes.
Con el/la profesor(-a) de…	aprendo más/menos. trabajo mucho.	
Las clases del profesor de…/ de la profesora de…	son	interesantes. aburridas.

Sus clases son interesantes.

4

¿Eres un buen alumno o una buena alumna?

Me parece que sí. Me gusta mucho estudiar.

Sí, porque trabajo mucho en clase. Me gusta aprender y todas las asignaturas se me dan bien.

Creo que sí, porque siempre hago los deberes y me comporto muy bien en clase.

En mi opinión sí, porque estoy fuerte en todas las asignaturas y saco buenas notas.

Creo que no, porque estoy floja en todas mis asignaturas y soy perezosa.

Creo que no, porque no trabajo mucho y saco malas notas.

No, porque no me gusta estudiar. Nunca apruebo los exámenes.

No se me da bien el francés. A veces no hago los deberes.

Sí, porque saco sobresaliente o notable en todas las asignaturas.

No me comporto muy bien en clase y creo que voy a suspender todos los exámenes.

Ejercicio 12   ¡Ahora tú!

¿Eres un buen alumno o una buena alumna? En tu cuaderno, en español, contesta estas preguntas para averiguarlo.

1. ¿Te comportas bien en clase? ¿Siempre? ¿A veces? ¿Raramente?
2. ¿En qué asignaturas estás fuerte?
3. ¿Qué asignaturas no se te dan bien?
4. ¿Te gusta estudiar? ¿Por qué?
5. ¿Te gusta tomar apuntes?
6. ¿Eres trabajador(-a) o perezoso(-a)?
7. ¿Tienes muchos deberes? ¿Siempre haces los deberes?
8. ¿Crees que vas a aprobar español este año?
9. ¿Hay alguna asignatura que crees que vas a suspender?
    10. Por lo general, ¿sacas buenas o malas notas?

Ejercicio 13   Completa las frases

1. Trabajo mucho en _____.
2. No hago mis deberes en_____.
3. Estoy fuerte en_____.
4. Saco buenas notas en _____.
5. Voy a supender _____.
6. Estoy flojo(-a) en _____.
7. Saco malas notas en _____.
8. No me comporto muy bien en _____.
9. Se me da(n) bien _____.
10. No se me da(n) bien _____.

¿Trabajas mucho en clase?	Sí. Trabajo bastante. No. No trabajo mucho.
¿Y los deberes?	Sí. Tengo muchos deberes. No. No tengo muchos deberes. Siempre hago los deberes. A veces no hago los deberes.
¿En qué asignaturas estás fuerte? ¿Qué asignaturas se te dan bien?	Estoy fuerte en… . Se me da(n) bien… . Saco buenas notas en… . Siempre apruebo exámenes de… . Nunca suspendo exámenes de… .
¿En qué asignaturas estás flojo(-a)? ¿Qué asignaturas no se te dan bien?	Estoy flojo (-a) en… . No se me da(n) bien… . No trabajo mucho en… . Saco malas notas en… . Nunca apruebo exámenes de… . Voy a suspender el examen de… .
¿Eres un buen alumno/una buena alumna?	Sí. Soy un buen alumno/una buena alumna. Creo que sí. Me comporto muy bien en clase. Me gusta estudiar. Me gusta aprender. No. No soy un buen alumno/una buena alumna.

HABLANDO DEL COLEGIO

¿Cómo es?

Tony: ¿Cómo es tu instituto, María José?

María José: Voy a un instituto femenino, es decir, un colegio de chicas. Hay un instituto masculino al lado. Mi instituto es bastante pequeño y viejo y está situado en las afueras de la ciudad lejos del centro. Tiene cuatrocientas alumnas y veintiséis profesoras. Los institutos de BUP no son muy grandes. Los colegios de EGB normalmente tienen más alumnos. ¿Cómo es tu instituto y cuántos alumnos y profesores tiene, Tony?

Tony: Voy a un instituto mixto, o sea, un instituto que tiene alumnos y alumnas. Está situado en el centro de la ciudad. En mi instituto hay mil alumnos y setenta profesores. Es bastante grande y moderno. Tiene cincuenta aulas, ocho laboratorios, una sala para los profesores, dos cantinas, una oficina para las secretarias y una oficina para el director. Hay también dos salas para las asambleas y un patio donde charlamos y descansamos durante los recreos. Ah, y una biblioteca.

María José: En mi instituto, porque es más pequeño, sólo hay treinta aulas y cuatro laboratorios. No hay cantina, pero tenemos una cafetería. No tenemos biblioteca.

Ejercicio 14   ¿Verdad o mentira?

1. María José va a un instituto mixto.
2. Su instituto es pequeño.
3. Su instituto está en el campo.
4. Su instituto tiene quinientas alumnas.
5. Tony va a un instituto masculino.
6. Su instituto también está en el campo.
7. Su instituto es más grande que el de María José.
8. Hay más aulas en el instituto de Tony.
9. El instituto de Tony no tiene cafetería.
10. El instituto de María José tiene biblioteca.

¿Qué actividades hay?

María José: ¿Qué deportes practicas en tu colegio?

Tony: En mi instituto hay dos gimnasios, uno para las chicas y otro para los chicos, y dos vestuarios, claro. Tenemos un campo de fútbol y rugby, una cancha de tenis y una piscina también. En invierno, las chicas juegan al hockey y al netball. Nosotros jugamos al rugby y al fútbol. En verano, juego al cricket, al badminton, al tenis y hago atletismo o voy a la piscina. Estoy en el equipo de natación. ¿Y tú? Qué deportes practicas en el instituto?

María José: No soy muy deportista pero hago la gimnasia a veces y el voleibol, nada más. ¿Qué más se puede hacer en tu instituto?

Tony: Hay varios clubes, de deportes, de ajedrez, de ordenadores y eso. El departamento de inglés nos lleva a ver obras de teatro. También, a veces, vamos a museos, exposiciones, conciertos; podemos aprender a tocar un instrumento, hacer camping, y organizan muchas excursiones.

María José: ¡Qué suerte tienes! En mi instituto no hacemos nada de eso.

Ejercicio 15   ¿Y tú?

Haz una lista en español de los deportes que se pueden practicar en tu instituto y de los clubes y excursiones que hay.

¿Lleváis uniforme?

María José: ¿Es obligatorio llevar uniforme en tu instituto?

Tony: ¡Claro que sí! No te dejan entrar sin uniforme.

María José: En mi colegio, puedes llevar lo que quieras. ¿Cómo es el uniforme de tu instituto?

Tony: Camisa blanca, pantalón negro y corbata negra y azul. Las chicas llevan falda gris con medias o calcetines blancos. Todos llevamos zapatos negros o marrones. Nadie lleva chaqueta y, además, está prohibido llevar pulseras, collares y cosas así. Y tú, ¿qué te pones cuando vas al instituto?

María José: Me pongo vaqueros, zapatos deportivos, una blusa y, si hace frío, un jersey.

Ejercicio 16   ¿Y tú?

¿Llevas uniforme en tu instituto? ¿Cómo es? Escribe una breve descripción en tu cuaderno.

Ejercicio 17   ¿Qué uniforme llevan?

Escucha lo que dicen estos estudiantes. Luego, copia estos párrafos en tu cuaderno y complétalos con palabras apropiadas.

Carmen: En el colegio de mi hermano no llevan _ _ _ _ _ _ _ _ , pero nosotras sí llevamos uniforme. El mío es: chaqueta y _ _ _ _ _ marrón, _ _ _ _ _ _ o calcetines _ _ _ _ _ _ _ y una _ _ _ _ _ blanca.

David: Yo llevo zapatos _ _ _ _ _ _ , calcetines, pantalón y jersey _ _ _ _ , _ _ _ _ _ _ blanca o _ _ _ _ , _ _ _ _ _ _ _ verde y roja y chaqueta _ _ _ _ .

Laura: Yo llevo blusa _ _ _ _ _ _ , _ _ _ _ _ _ y falda _ _ _ _ , zapatos _ _ _ _ _ _ y calcetines blancos. Las chicas en mi colegio no llevan chaqueta.

Ejercicio 18   ¿Qué diferencias hay?

Haz una comparación entre el instituto de
María José, el instituto de Tony y el
instituto a que asistes tú. Copia el cuadro
en tu cuaderno y rellénalo.

	María José	Tony	Tú
¿Mixto/masculino/femenino?			
¿Tamaño?			
¿Moderno/viejo?			
¿Situación?			
¿Número de alumnos?			
¿Número de profesores?			
¿Número de aulas?			
¿Número de laboratorios?			
¿Número de cantinas?			
¿Biblioteca?			
¿Deportes?			
¿Otras actividades?			
¿Uniforme?			

¿Cómo se llama tu instituto/colegio?	Se llama… .		
¿Cómo es tu instituto/colegio?	Es	muy bastante	grande. pequeño. / moderno. viejo.
	Es	masculino. femenino. mixto.	
¿Dónde está situado?	Está situado	en	las afueras el centro / de la ciudad.
		cerca/lejos de… .	
¿Cuántos(-as) alumnos(-as) tiene?	Tiene… alumnos(-as).		
¿Cuántos profesores tiene?	Tiene… profesores.		

¿Qué hay en tu instituto?

Hay
… aulas.
… laboratorios.
… cantinas.
… salas de asamblea.
… gimnasios.
… campos de deporte.
… canchas de tenis.

una oficina para el
director/la directora/
las secretarias.
un patio.
una biblioteca.
una cafetería.
una piscina.

| ¿Qué deportes practicas? | Juego | al | fútbol.
rugby.
cricket.
badminton. | tenis.
baloncesto.
voleibol.
netball. | hockey. |

| | Practico | el atletismo.
la gimnasia. | la natación. |

| ¿Estás en algún equipo? | Sí. Estoy en el equipo de… .
No. No estoy en ningún equipo. |

| | Hay… clubes.
Organizan excursiones. |

| ¿Qué más se puede hacer en tu instituto? | Vamos
Nos llevan | a | museos.
exposiciones.
conciertos.
teatros. |

| | Podemos | aprender a tocar un instrumento.
hacer camping. |

| ¿Es obligatorio llevar uniforme en tu instituto? | Sí. En mi instituto hay que llevar uniforme.
No. En mi colegio puedes llevar lo que quieras. |

| ¿Cómo es tu uniforme? | Llevo
Llevamos | camisa/blusa blanca.
pantalón negro.
falda gris.
corbata negra y azul. | medias.
calcetines blancos.
zapatos negros/
marrones. |

| | Nadie lleva chaqueta.
Está prohibido llevar pulseras y cosas así. |

| ¿Qué te pones cuando vas al instituto? | Me pongo | vaqueros.
zapatos deportivos. | una camisa/blusa.
un jersey. |

¿Cuándo tenéis vacaciones?

Tony:	¿Cuándo tenéis vacaciones en España?
María José:	Tenemos vacaciones en Navidad, es decir, para Pascuas, en Semana Santa, y en verano. También tenemos días festivos durante el año, o sea, días cuando hay una fiesta nacional o una fiesta en la ciudad o el pueblo donde vives.
Tony:	¿Tenéis muchos días de fiesta?
María José:	Sí. Hay veintiocho días de fiesta en España, pero la mayoría de estas fiestas caen durante las vacaciones: el día de Navidad, Año Nuevo, Reyes, Viernes Santo y días así. Y tú, ¿cuándo tienes vacaciones?
Tony:	Nosotros tenemos vacaciones en Navidad, en Semana Santa y en verano también, pero además de estas vacaciones, tenemos una semana a fines de octubre y otra semana a fines de febrero, o sea, a mitad de trimestre. Ah, y otra semana a fines de mayo o en junio.
María José:	Y ¿cuánto tiempo duran las vacaciones de Navidad en Inglaterra?
Tony:	En mi colegio, tenemos dos semanas de vacaciones en Navidad y dos semanas también durante la época de Semana Santa.
María José:	Sí. Nosotros también tenemos dos semanas por Navidad y Semana Santa. En verano tenemos casi tres meses. Terminamos el curso a mediados de junio y volvemos al colegio en setiembre. Los colegios particulares empiezan a principios de setiembre, y los colegios nacionales empiezan a mediados del mes.
Tony:	En Inglaterra, sólo tenemos seis semanas de vacaciones en el verano. Terminamos el curso a mediados de julio y volvemos al colegio a principios de setiembre.

Ejercicio 19   Las vacaciones en España e Inglaterra

Copia estos cuadros en tu cuaderno y haz una comparación entre las vacaciones que tienes tú y las que tienen María José y Tony.

		María José	Tony	Tú
¿Cuánto tiempo duran vuestras vacaciones de	Navidad?			
	Semana Santa?			
	verano?			
¿Cuándo termináis el colegio en verano?				
¿Cuándo volvéis al colegio?				
¿Cuántas semanas de vacaciones tenéis en total?				

4

Ejercicio 20 Letras mezcladas

1 He aquí seis épocas de fiesta en España. ¿Cuáles son?

1 c e o h n j e a v i   2 c a s u a s p   3 o ñ a v e n o u

4 h e n o c n a e b u   5 d i n v a d a   6 y e s r e

2 En tu cuaderno, escribe tres de los días festivos que caen durante las vacaciones de María José.

Reyes se celebra con una cabalgata.

¿Cuántas semanas de vacaciones tienes al año?	Tengo… semanas de vacaciones al año.

¿Cuándo tienes vacaciones?	Tengo vacaciones en	Navidad. Semana Santa. verano. + *mes*.
¿Cuánto tiempo duran las vacaciones?	Las vacaciones de… duran	una semana. dos semanas. seis semanas.
¿Tienes muchos días de fiesta?	Sí, pero la mayoría de estas fiestas caen durante las vacaciones.	

¿Cuándo empieza/termina el curso?	El curso	empieza	a	principios mediados fines finales	de + *mes*.
		termina	al	principio final	

Explicando lo que haces

¿Dónde trabajas,
María José?

¿Qué hace usted,
señor Santana?

¿En qué trabajas
tú, Pedro?

Yo no trabajo.
Soy alumna
en un instituto.
Estoy
estudiando
BUP.

Normalmente
trabajo en un
instituto. Soy
profesor de
inglés, pero
ahora estoy
en paro.

Yo no trabajo.
Soy estudiante
en la
universidad
de Málaga.

Tony: ¿Dónde trabaja tu padre, Pedro?

Pedro: Mi padre trabaja en el Banco Popular. Es el director.

Tony: Y ¿qué hace tu madre?

Pedro: Mi madre trabaja en el hospital Carlos Haya. Es médico. Y tus
padres Tony, ¿dónde trabajan?

Tony: Mi padre no trabaja. Está jubilado. Mi madre tampoco trabaja
pero hace las labores de casa. Es ama de casa.

Ejercicio 1   ¿Cuáles son las respuestas?

Contesta estas preguntas en tu cuaderno.

1. ¿Qué hace María José?
2. ¿Dónde trabaja el señor Santana?
3. ¿Qué hace Pedro?
4. ¿Dónde trabaja el padre de Pedro y qué es?
5. ¿Dónde trabaja la madre de Pedro y qué es?
6. ¿Qué hace el padre de Tony?
7. ¿En qué trabaja la madre de Tony?

¡Hasta luego, querido!

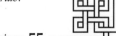

5

Ejercicio 2 Preguntas y respuestas

Busca la respuesta que va con cada pregunta.

1. ¿Dónde trabaja tu padre?   *a)* Soy profesor.
2. ¿Qué hace tu madre?   *b)* Es médico.
3. ¿Dónde trabaja usted?   *c)* Trabajo en un colegio.
4. ¿Qué hace usted?   *d)* Trabaja en un banco.

Ejercicio 3 ¿Qué hacen?

Pon las letras en orden.

1 e e t s d u a i n t   2 o m u n l a

3 p o r s e f r o   4 t e s á n e r a p o   5 o c i é m d

6 s t e á b i l d o a j u   7 r t e c o d i r   8 o n a b a j a t r

Ejercicio 4 Conversaciones

① **Trabaja con un compañero o con una compañera. Hazle estas preguntas.**

	Ejemplo	(a)	(b)
Tú:	¿Dónde trabajas?		
Amigo:	No trabajo.		
Tú:	¿Qué haces?		
Amigo:	Soy estudiante.		
Tú:	¿Qué hacen tus padres?		
Amigo:	Mi padre trabaja en una fábrica y mi madre es secretaria.		
Tú:	Y ¿en qué trabajan tus hermanos?		
Amigo:	Mi hermano mayor es actor y mi hermana es peluquera.		

② **Ahora le toca a tu compañero(-a) hacerte estas preguntas a tí.**

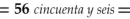

Ejercicio 5   ¿Qué trabajo tienen?

a) Soy conductor.   b) Soy bombero.   c) Soy enfermera.   d) Soy cocinero.   e) Soy mecánico.

f) Soy hombre de negocios.   g) Soy azafata.   h) Soy peluquera.   i) Soy dentista.   j) Soy dependiente.

1. Soy jefe de una compañía.
2. Conduzco un camión.
3. Viajo mucho en avión.
4. Lavo y corto el pelo de mis clientas.
5. Trabajo en un almacén.
6. Cuido a los pacientes en un hospital.
7. Reparo coches en un garaje.
8. Apago fuegos.
9. Cuido los dientes de mis clientes.
10. Trabajo en la cocina de un restaurante.

Explicando lo que te gustaría hacer

Tony: ¿Qué te gustaría hacer en el futuro, Pedro?

Pedro: No estoy seguro. Mi hermano, Ramón, es policía y mi hermana, Ana, quiere ser abogado. Creo que me gustaría trabajar en la construcción. Me gustaría ser arquitecto. Y a ti, Tony, ¿qué te gustaría ser?

Tony: Yo quiero trabajar en el comercio. Me gustaría ser el dueño de una compañía de importación y exportación.

Ejercicio 6   ¿Verdad o mentira?

1. La hermana de Pedro trabaja en una comisaría.
2. Pedro quisiera trabajar en algo relacionado con la construcción.
3. El hermano de Pedro es guardia.
4. Tony quiere tener su propia compañía.

5

Ejercicio 7   A ellos ¿qué les gustaría ser?

Decide tú la profesión futura de estas personas. Escoge de la selección de abajo.

Representante

Recepcionista

Granjero

Periodista

Veterinario(-a)

Carpintero

Ingeniero

Marinero

Soldado

Cajero(-a)

Escritor(-a)

Actor, Actriz

Deportista profesional

Ejemplo

Me gustan los niños. Soy una persona bastante paciente.
Me interesa mucho la enseñanza.
A ella le gustaría ser profesora.
Ella quisiera ser profesora.

1. Me gustan los animales. Me gusta trabajar al aire libre. Prefiero un trabajo físico y práctico.

2. Me gusta ayudar a la gente. Necesito trabajar en un sitio donde conozco a gente interesante y trato con el público, por ejemplo, en un hotel.

3. Me gusta trabajar con las manos, reparando máquinas por ejemplo. No me importa hacer un trabajo sucio.

4. Me gustan los trabajos manuales, sobre todo trabajar con madera. Me gustaría hacer muebles.

5. Quiero viajar, y me encantan los barcos.

6. Quiero trabajar en la prensa. Ya he publicado algunas cosas en la revista del instituto.

7. Me gustaría vender cosas.

8. Me gustaría una carrera en las fuerzas armadas.

9. Me gustaría trabajar con dinero, por ejemplo, en un banco.

10. Voy a estudiar las enfermedades que tienen los animales.

11. Me gustaría mucho escribir libros y novelas.

12. Me encantan los deportes.

13. Me gustaría mucho trabajar en el teatro.

Ejercicio 8   ¡Ahora tú!

¿Qué te gustaría hacer/ser? Escribe la respuesta en tu cuaderno. Ahora pregúntaselo a tu compañero(-a).

A mí me gustaría ser persona.

Ejercício 9   ¿Por qué te gustaría?

5

Utiliza este cuadro para hacer algunas frases.

(No) Me gustaría (No) Quisiera (No) Quiero	ser	negociante, cartero, minero, músico, ingeniero, diseñador(-a), fotógrafo(-a), programador(-a), electricista, fontanero, secretaria, pintor(-a), contable, piloto, camionero, empleado(-a) de banco		porque	quiero	un puesto interesante. un trabajo práctico. ganar mucho dinero. trabajar con máquinas/ las manos/la gente. conocer a gente. interesante. tener la oportunidad de viajar. tratar con el público. trabajar solo(-a). escribir a máquina. vender cosas.
	tener	un empleo al aire libre, un empleo administrativo, un trabajo social/manual, trato con el público				
	trabajar	en	una oficina, una empresa grande, una fábrica, una tienda, un colegio, un hospital, una granja, un teatro, casa		no quiero	un trabajo	sucio. ruidoso. aburrido.
		con	ordenadores, otras personas				
		solo(-a)					aburrirme.

Ejercício 10   Busca la palabra intrusa

Busca las palabras que no conoces en tu diccionario.

1. dentista • médico • enfermera • azafata

2. conductor • hombre de negocios • chófer • taxista

3. contable • estudiante • alumno • profesor

4. pintor • dueño • jefe • director

5. secretaria • empleado de oficina • abogado • mecanógrafa

6. minero • soldado • marinero • piloto

7. electricista • fontanero • albañil • programador

8. jardinero • cartero • lechero • obrero • pescador

¿Dónde trabajas?	Trabajo en + *lugar*.
	No trabajo. Soy estudiante. Estoy parado(-a)/en paro.
¿Qué haces?	Trabajo en + *lugar*. Soy… .
¿En qué trabajas?	Soy… .
¿Dónde trabajan tus padres/ hermanos?	Mi padre/madre/hermano/hermana trabaja en + *lugar*.
	No trabajan. Mi padre está parado/en paro. jubilado.
¿Qué hacen?	Trabajan en + *lugar*. Son… .
¿En qué trabajan?	Son… .
¿Qué te gustaría hacer?	Me gustaría Quisiera trabajar en + *lugar*. Quiero
¿Qué te gustaría ser?	Me gustaría Quisiera ser… . Quiero

A mí me gustaría trabajar en una pastelería.

Ejercicio 11   ¿Adónde van?

Utiliza tu diccionario y pon cada profesión en su grupo.

Negocios (4 profesiones)
Industrias (3 profesiones)
Artes (5 profesiones)
Oficios manuales (4 profesiones)
Carreras (10 profesiones)
Servicios públicos (18 profesiones)
Oficios de mucho viajar (4 profesiones)

soldado
escritor(-a)
bombero
carpintero
representante
abogado
dentista
periodista
recepcionista
pintor(-a)
programador(-a)
músico
marinero
arquitecto
electricista
ingeniero
fontanero

director(-a)
diseñador(-a)
minero
camionero
cajero(-a)
actor/actriz
pescador
empleado(-a) de…
azafata
contable
camarero(-a)
cocinero(-a)
dependiente(-a)
granjero
mecánico
policía

profesor(-a)
fotógrafo(-a)
veterinario(-a)
lechero
peluquero(-a)
cartero
conductor
enfermera
hombre de negocios
jefe
guardia
secretaria
médico
piloto
deportista

¿CUÁNTO GANAS?

El pluriempleo 📼

A algunos españoles no les gusta que sus esposas trabajen fuera de casa. Ellos, sin embargo, trabajan muchas horas. Aun así, a veces, no ganan suficiente dinero en su empleo para pagar todos los gastos de casa y de la familia. Por eso, algunos españoles tienen dos empleos. Después de terminar el trabajo principal, van a otro trabajo para ganar más dinero. El padre de Marta tiene dos trabajos.

Tony: ¿En qué trabaja tu padre, Marta?

Marta: Mi padre es conductor de autobuses, pero no gana bastante dinero y algunos días por las tardes, después de terminar el trabajo, va a un bar para trabajar de camarero.

Tony: Y ¿cuánto gana un conductor de autobuses en Málaga?

Marta: Mi padre gana noventa y cinco mil pesetas al mes de conductor.

Tony: Y ¿cuánto dinero gana de camarero entonces?

Marta: Gana otras diez o quince mil pesetas a la semana.

Tony: Y ¿cuándo cobra?

Marta: En la compañía de autobuses, cobra a fines de mes, pero en el bar, cobra todos los sábados por la noche.

Tony: Y tu madre, ¿qué hace?

Marta: Mi madre hace las labores de casa, o sea, es ama de casa. No trabaja fuera. Mi hermana mayor es dependienta en unos almacenes en el centro.

Tony: Y ¿gana mucho dinero?

Marta: No. Gana muy poco y trabaja muchas horas a la semana.

Ejercicio 12   ¿Verdad o mentira?

Si contestas 'mentira', escribe la frase en forma correcta en tu cuaderno.

1. Muchas mujeres casadas en España trabajan fuera de casa.
2. Sus esposos siempre tienen dos empleos para ganar bastante dinero para vivir.
3. El padre de Marta es conductor de autobuses durante el día.
4. Por las tardes, trabaja en un restaurante.
5. El padre de Marta trabaja de camarero todos los días de la semana.
6. En total, gana entre ciento cinco mil y ciento diez mil pesetas a la semana.
7. La madre de Marta hace las labores de casa.
8. La hermana de Marta es empleada de oficina.
9. No gana mucho dinero.
   10. Trabaja pocas horas.

5

Ejercicio 13   ¿Gana usted mucho dinero?

Escucha lo que dicen estas personas. Luego escribe, en cifras, en tu cuaderno, cuánto gana cada una al mes.

¡Pues, sí! Gano doscientas treinta mil pesetas mensuales.

En realidad, gano muy poco. Sólo gano ochenta mil pesetas al mes y trabajo muchas horas.

Yo ni gano mucho dinero, ni gano poco. Gano veinticinco mil pesetas a la semana, o sea, cien mil pesetas al mes. Es bastante dinero para mí.

Ejercicio 14   ¿Cuánto gana la familia de Paula?

Lee la información y después contesta las preguntas en el ejercicio 15.

 Mi padre trabaja por turnos. Gana ochocientas libras esterlinas mensuales. Cobra a fines de mes.

 Mi madre trabaja horas reducidas y gana cien libras esterlinas a la semana. Cobra cada mes.

 Mi hermano, Michael, trabaja en un restaurante dos noches por semana y gana veinticinco libras esterlinas. Cobra cada semana.

Los sábados, yo trabajo en una tienda y gano dos libras esterlinas por hora. Cobro cada sábado.

Ejercicio 15   ¿Has comprendido?

Contesta estas preguntas en tu cuaderno.

1. El padre de Paula ¿trabaja horas reducidas?
2. ¿Cuánto gana su madre al mes?
3. ¿Quién gana más, Paula o Michael?
4. ¿Quién cobra más a menudo?

Ejercicio 16   ¿Y tú?

Contesta estas preguntas en tu cuaderno. Luego, házselas a tu compañero(-a).

1. ¿Tienes un empleo por las tardes o los fines de semana?
2. ¿Dónde trabajas?
3. ¿Cuánto dinero ganas?
4. ¿Cuántas horas trabajas?
5. ¿Te gusta? ¿Por qué?
6. ¿Qué haces con el dinero? ¿Lo ahorras o lo gastas?
7. Si no tienes empleo, ¿qué haces para ganar dinero?
8. Después de los exámenes, ¿en qué te gustaría trabajar y por qué?

Nosotras tenemos un puesto en el Rastro de Madrid.

¿Cuánto	ganas?	Gano	… pesetas	por hora.
			… libras ester-	a la semana.
	gana tu padre, madre, etc?	Gana	linas	al mes/mensuales.

¿Ganas mucho?	Sí. Es bastante dinero para mí.
	No. No gano mucho.
	Gano muy poco.

¿Cuándo	cobras? do you get paid	Cobro	los sábados.
			cada semana.
	cobra tu padre, madre, etc?	Cobra	a fines de mes.

¿CUÁNTAS HORAS Y CUÁNTOS DÍAS A LA SEMANA TRABAJAS?

En la familia de María José

Tony: ¿Cuántas horas trabaja a la semana tu familia, María José?

María José: Mi madre es dependienta en una tienda de regalos. Trabaja horas reducidas. Sólo trabaja por la mañana, desde las nueve hasta la una, tres días a la semana. Trabaja doce horas en total.

Tony: Y tu padre, ¿qué hace?

María José: Mi padre es empleado de banco. Trabaja cinco días y medio a la semana, o sea, de lunes a viernes todo el día, y los sábados por la mañana. Trabaja desde las nueve hasta las dos y media de la tarde, y los sábados, desde las nueve hasta la una y media. Son treinta y dos horas a la semana en total.

Tony: Y tus hermanos, ¿qué?

María José: Mi hermano mayor trabaja por turnos en un hospital. Es médico y a veces trabaja siete días a la semana, unas cien horas a la semana, en total. El otro hermano que tengo trabaja de programador en una oficina. Hace jornada intensiva, o sea que trabaja desde las nueve hasta las cuatro. Yo, claro, no trabajo, pero sé que en Inglaterra, muchos estudiantes trabajan unas horas por las tardes después del colegio. ¿Tú haces eso, Tony?

Tony: Pues sí. Los jueves, reparto periódicos por el barrio donde vivo. Trabajo desde las cinco hasta las ocho. No son muchas horas pero así gano un poco de dinero.

María José: Está bien.

Ejercicio 17 ¿Cuáles son las respuestas?

Contesta estas preguntas en tu cuaderno.

1. ¿Cuántas horas al día trabaja la madre de María José?

2. ¿Cuántas horas a la semana trabaja el padre de María José?

3. ¿Desde qué hora hasta qué hora trabaja los sábados?

4. ¿Quién hace jornada intensiva? *through day*

5. ¿Quién hace una jornada de horas reducidas? *part time*

6. ¿Quién trabaja por turnos? *Shifts*

7. ¿Cuántas horas a la semana trabaja Tony?

¿Cuántos días a la semana trabaja tu padre, madre, etc?	Trabaja	… días … días y medio	a la semana.

¿Cuántas horas al día/a la semana trabaja tu padre, madre, etc?	Trabaja… horas	al día. a la semana.

¿Desde qué hora hasta qué hora trabaja tu padre, madre, etc?	Trabaja desde las… hasta las… .

¿Hace ¿Trabaja	jornada intensiva tu padre, madre, etc?	Sí. No.

¿Hace ¿Trabaja	horas reducidas tu padre, madre, etc?	Sí. No.

¿Trabaja por turnos tu padre, madre, etc?	Sí. No.

¿Cuántas horas al día/a la semana trabajas tú?	Trabajo… horas	al día. a la semana.

¿Cuántos días a la semana trabajas?	Trabajo	… días a la semana. de lunes a viernes.	los jueves.

¿Desde qué hora hasta qué hora trabajas?	Trabajo desde las… hasta las… .

EL OCIO *leisure*

¿QUÉ HACEMOS?

Vamos a la playa

Tony:	¿Cómo pasáis vuestros ratos libres aquí en Málaga?
María José:	Para mí, lo ideal es pasar el día en el campo con los amigos.
Ana:	Yo me divierto más en un parque de atracciones. Hay de todo.
Pedro:	A mí, lo que más me gusta es pasar el día en la playa. ¡Oye! ¿Por qué no vamos todos a la playa mañana?
María José:	Yo, mañana, no puedo. ¡Lo siento!
Ana:	Yo tampoco. Mañana tengo que estudiar.
Tony:	Yo, sí puedo. ¿A qué hora nos vemos?
Pedro:	A las diez y media en el bar de la esquina.

Ejercicio 1 ¿Verdad o mentira?

1. A María José, lo que más le gusta es ir al parque de atracciones.

2. Ana prefiere pasar el día en el campo.

3. Para Pedro, lo ideal es pasar el día al lado del mar.

4. Pedro quiere ir a la playa hoy.

5. Ana no puede ir a la playa mañana.

6. María José tiene que estudiar mañana.

7. Tony y Pedro deciden ir a la playa mañana.

8. Tony y Pedro deciden verse esa noche en el bar de la esquina.

6

Ejercicio 2   ¿Qué son estos pasatiempos?

Mira los dibujos y pon las letras en orden en todas estas frases.

1. recha gintuf

2. ratnom ne cilbactei

3. rascep

4. chear le fundriws

5. ri a al spita ed janapite

6. garuj la snabotcole

7. carsechu casimú

8. rasuiqe

9. rev al svieltienó

10. carto nu smorutninet

Ejercicio 3   ¿Y tú?

¿Cómo pasas tus ratos libres? Completa estas frases en tu cuaderno.

1. A mí, lo que más me gusta es… .

2. Para mí, lo ideal es… .

3. Me encanta…

4. Prefiero… .

5. Mi pasatiempo preferido es… .

6. Me gusta mucho… .

7. En mi opinión, … es lo mejor.

8. Me gusta más… .

Ejercicio 4   Conversaciones

Trabaja con un compañero o con una compañera.

	Ejemplo	(a)	(b)
Tú:	¿Cómo pasas los ratos libres?		
Amigo:	A mí, lo que más me gusta es salir con amigos. Y ¿a tí?		
Tú:	Para mí, lo ideal es ir de paseo.		
Amigo:	¡Oye! ¿Por qué no vamos al campo mañana?		
Tú:	¡Vale! Me parece muy bien.		
Amigo:	¿A qué hora nos vemos?		
Tú:	A las once. Y ¿dónde?		
Amigo:	En la plaza mayor.	PISCINA	Bar

6

Ejercicio 5   ¿A qué hora nos vemos?

Hazle esta pregunta a tu compañero(-a).

Tú: ¿A qué hora nos vemos?

Compañero(-a):   Nos vemos a las diez de la mañana.

1  2  3  4

5  6  7  8

Ejercicio 6   ¿Dónde nos vemos?

Haz una cita con tu compañero(-a).

— Ejemplo —

Tú: ¿Dónde nos vemos?

Compañero(-a):   Si quieres, delante del parque. ¿Vale?

Tú: ¡De acuerdo!

PARQUE
X

Me dijo – Nos vemos debajo del reloj.

1  2  3 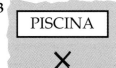 4

5  6  7  8

— Image text —

BAR ESCALA X; PLAZA MAYOR X; PISCINA X; POLIDEPORTIVO X; CAFÉ; MUSEO X; CIRCO X; BOLERA X

En la playa

Tony:	Bueno, Pedro, ¿qué vamos a hacer?
Pedro:	¿Quieres nadar un poco?
Tony:	No sé nadar. Tengo miedo al agua. Tú nada si quieres.
Pedro:	Entonces, vamos a tomar el sol. Quiero ponerme moreno.
Tony:	¡De acuerdo!

Una hora mas tarde

Pedro:	¡Oye, Tony! Hace mucho calor. ¿Por qué no vamos a ese merendero a tomar una Coca Cola?
Tony:	¡Vale! Vamos a invitar a esas dos chicas a tomar algo.
Pedro:	¡Hola! Me llamo Pedro. Mi amigo y yo vamos a tomar algo en ese merendero. ¿Queréis tomar algo con nosotros?
Chica:	No, gracias. No tenemos sed.

En el merendero

Pedro:	¡Buenas tardes! ¿Qué hay para beber?
Tendero:	Pues, para beber hay Fanta, Coca Cola o cerveza.
Tony:	Yo tengo hambre también. ¿Qué hay para comer?
Tendero:	Bocadillos. Tenemos de tortilla, de queso, de jamón… .
Pedro:	Bueno. Vamos a comer algo aquí.

Ejercicio 7   ¡Ahora tú!

Pregúntale a tu compañero o compañera qué es lo que le gusta hacer.

— **Ejemplo** —

Tú:	¿Qué te gusta hacer a ti en la playa?
Compañero(-a):	Me gusta charlar con la gente.

1  2  3  4  5

6

Ejercicio 8   Conversaciones

Trabaja con un compañero o con una compañera.

Ejemplo		(a)	(b)
Tú:	¿Qué vamos a hacer?		
Amigo:	¿Quieres jugar al tenis?		
Tú:	No sé jugar al tenis.	X	X
Amigo:	Entonces, vamos a tomar algo. ¿De acuerdo?		
Tú:	¡Estupendo!	✓	✓

No sé montar a caballo.

Ejercicio 9   Invitaciones

Utiliza las frases en este cuadro para invitar a dos de tus amigos. Ellos también pueden escoger sus respuestas del cuadro.

Voy a	ir a una barbacoa. montar a caballo. jugar al futbolín. esquiar. hacer futing. ir a la feria. montar en bicicleta. pescar. ir de compras. ir a una fiesta. ir a un concierto. ir a la bolera. tomar una copa. salir. ir al cine.	¿Queréis venir conmigo?	¡Estupendo! ¡Fenomenal! Nos parece muy bien. ¡Vale! ¡De acuerdo! ¡Claro que sí! ¡Gracias! Nos gustaría mucho. Lo siento, no podemos. No, gracias. No. No nos gusta… . No. Preferimos… . No. No tenemos dinero.

Ejercicio 10   Busca la palabra o la frase intrusa

1. me gusta • lo ideal • me divierto • no me gusta nada

2. hoy • mañana • día • esta tarde

3. playa • campo • nadar • tomar el sol

4. merendero • ocio • ratos libres • pasatiempos

5. ¡vale! • ¡de acuerdo! • me parece muy bien • lo siento, no puedo

Ejercicio 11   Preguntas y respuestas

Busca la respuesta que va con cada pregunta.

1. ¿Cómo pasas los ratos libres?	*a)* No gracias, no tenemos sed.
2. ¿Por qué no vamos a la feria?	*b)* Me gusta ir al cine.
3. ¿A qué hora nos encontramos?	*c)* ¡De acuerdo!
4. ¿Dónde nos vemos?	*d)* Lo siento, no puedo.
5. ¿Qué vamos a hacer?	*e)* No sé nadar.
6. ¿Quieres nadar un poco?	*f)* A las once.
7. Vamos a tomar el sol. ¿Vale?	*g)* Vamos a la playa
8. ¿Queréis tomar algo conmigo?	*h)* En el bar de la esquina.

Ejercicio 12   ¿Qué hacemos esta tarde?

Ordena estas frases para crear una conversación.

Me parece muy bien. Vamos a la fiesta.
¿Cómo pasas los ratos libres?
Muy bien. ¡Hasta luego!
No puedo. No tengo dinero.
Delante de la casa de Ana.
A las ocho.
Hay una fiesta en casa de Ana. ¿Quieres ir?
A mí, lo que más me gusta es ir a un partido de fútbol. ¿Y a ti?
¿Por qué no vamos al club esta tarde?
¿Dónde nos vemos?
¿A qué hora nos encontramos?
Para mí, lo ideal es ir al club de jóvenes. Me divierto mucho allí.
¿Qué vamos a hacer entonces?

Ejercicio 13   ¿Qué hay para comer y beber?

Pregúntale a tu compañero(-a).

	Ejemplo	
Tú: ¿Qué hay para comer?		*Tú:* ¿Qué hay para beber?
Tendero: Hay bocadillos de tortilla.		*Tendero:* Hay limonada.

1   2   3   4   5

¿Cómo	pasas pasáis	tus vuestros los	ratos libres?

A mí, lo que más me gusta es… .
Para mí, lo ideal es… .
Mi pasatiempo preferido es… .
Me encanta… .

¿Por qué no vamos	a la… al…	mañana?

Yo, mañana, no puedo. ¡Lo siento!
Yo tampoco.   Yo sí puedo.
No, gracias.   ¡Vale! / ¡De acuerdo!
No me gusta (nada).   ¡Estupendo! / ¡Fenomenal!
No. Prefiero… .   Me parece muy bien.

¿A qué hora	nos vemos? salimos?

Nos vemos Salimos	a la(s)… .

¿Dónde nos vemos?

En… .
Delante de… .

¿Qué vamos a hacer?

Vamos a	tomar el sol. jugar al voleibol. ir al merendero. tomar una Coca Cola. invitar a… a tomar algo.

¿Quieres… un poco?

Sí.
No sé + *infinitivo.*

¿Queréis …	conmigo? con nosotros?

Sí.
No, gracias.

¿Qué hay para	beber? comer?

Para	beber comer	hay	Fanta. limonada. Coca cola. cerveza. bocadillos de… .

Y ¿qué vamos a hacer esta noche?

Pedro: Y ¿qué vamos a hacer esta noche, Tony?

Tony: ¿Por qué no vamos a una discoteca?

Pedro: ¡Muy bien pensado! Ana y Marta van a ir a la discoteca esta noche también. ¿Por qué no invitas a María José? ¿Te gusta bailar, Tony?

Tony: Sí. ¡Me encanta bailar! Y a ti, ¿te gusta?

Pedro: No mucho, pero me gusta la música pop, y, además, siempre hay muchas chicas guapas en las discotecas.

Tony: Y mañana podemos ir todos al parque de atracciones.

Pedro: Sí. Hay de todo allí, y, como dice el anuncio, 'todo es diversión' en el Tivoli.

Ejercicio 14   ¿Cuáles son las respuestas?

Contesta estas preguntas en tu cuaderno.

1. ¿Adónde quiere ir Tony esta noche?
2. ¿Quién más va a ir allí?
3. ¿Le gusta bailar a Tony?
4. ¿Qué le gusta a Pedro?
5. ¿Adónde quiere ir Tony mañana?
6. ¿Qué dice Pedro del Tivoli?

Ejercicio 15   ¿Qué quieres hacer?

Practica estas conversaciones con un compañero o una compañera.

	Ejemplo	(a)	(b)	(c)
Amigo:	Y ¿qué quieres hacer esta tarde?			
Tú:	¿Por qué no vamos a bailar? Me encanta. Y a ti, ¿te gusta?	¿ [imagen] ? [☺] ¿ [☺] ?	¿ [imagen] ? [☺] ¿ [☺] ?	¿ [imagen] ? [☺] ¿ [☺] ?
Amigo:	No. No me gusta mucho. Me gustaría más ir al cine.	✗ [☹] [☺] POLIDEPORTIVO	✗ [☹] [☺] FERIA	✗ [☹] [☺] PARQUE DE ATRACCIONES
Tú:	Bueno, pues. Vamos al cine.	✓	✓	✓

Ejercicio 16   ¿Qué dicen?

Pon las palabras de estas frases en orden. Luego, escribe las frases en forma correcta en tu cuaderno.

1. ¿Pasas cómo ratos ocio de los?
2. ¿Vamos qué por no cine al hoy?
3. ¿Encontramos nos hora a qué?
4. ¿Vemos nos dónde?
5. ¿Hacer vamos a qué?
6. ¿Poco un quieres nadar?
7. ¿Copa tomar una conmigo queréis?
8. ¿De ir compras te gusta?
9. Nada gusta no me esquiar.
10. Mucho gusta me zoo al ir.
11. Sol a vamos tomar el.
12. Bien parece me muy.
13. Moreno ponerme quiero.
14. Sé no damas las a jugar.

 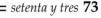

6 ¡Vamos al Tívoli!

'Tivoli World' es uno de los parques de atracciones más bonitos y cuidados de Europa. Está en la Costa del Sol a unos veinte kilómetros de Málaga. En su interior se encuentran: 18 fuentes, interesantes jardines y más de 40 bares y restaurantes, que se encuentran en calles y plazas limpias y bien decoradas.

También hay 'shows' de payasos, muchas diversiones para mayores y niños y un teatro con gran capacidad, donde se puede ver cante, ballet flamenco y baile; los más importantes espectáculos de la Costa del Sol.

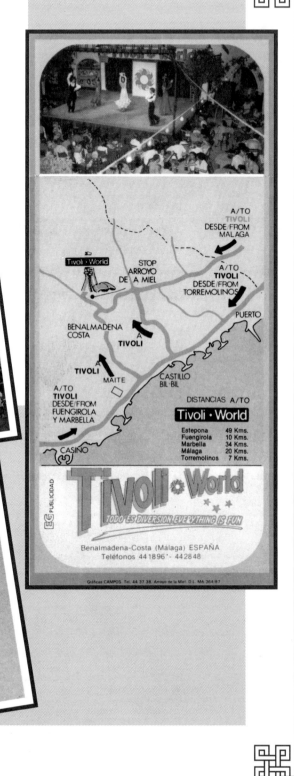

Ejercicio 17   ¿Verdad o mentira?

Lee la información sobre 'Tivoli World' y entonces escribe las frases que no son verdad de forma correcta en tu cuaderno.

1. 'Tivoli World' es uno de los parques de atracciones más grandes de la Costa del Sol.
2. 'Tivoli World' está a veinte kilómetros de Málaga y treinta y cuatro kilómetros de Marbella.
3. 'Tivoli World' es un parque de atracciones con dieciocho jardines interesantes.
4. Hay muchos bares y restaurantes en treinta calles y plazas bien decoradas.
5. En el parque de atracciones, hay muchas diversiones para adultos y niños.
6. En el gran teatro, se pueden ver espectáculos como ballet flamenco, cante y 'shows' de payasos.
7. 'Tivoli World' está muy cerca de Arroyo de la Miel y Torremolinos.

Ejercicio 18   ¿Qué hay en 'Tivoli World'?

Escribe de forma correcta los nombres de las siguientes atracciones en tu cuaderno. Todas las atracciones se encuentran en la página anterior.

1. sachum revsindesio
2. hows ed sayopas
3. ichedocio fustene
4. tenca y alebi
5. rebas y retasturesan
6. estrinstenae radnesij
7. tablel comanelf

'Tivoli World' es uno de los parques de atracciones más	bonitos cuidados	de Europa.

En su interior se encuentra(n)	fuentes. jardines interesantes. 'shows' de payasos. bares. restaurantes. muchas diversiones.	importantes espectáculos. ballet flamenco. ballet clásico español. un teatro de gran capacidad. cante. baile.

6

En el Tivoli

El Tivoli se abre a las seis de la mañana y se cierra a las dos de la madrugada. Las entradas para el parque de atracciones cuestan seiscientas pesetas por persona. Los niños menores de siete años entran gratis. El precio de entrada incluye:

La entrada al parque de atracciones y espectáculos

- uso ilimitado de más de treinta atracciones
- 'shows' de payasos por las calles del parque
- espectáculos del Oeste Americano
- entradas para ver ballet clásico español
- entrada a algunos de los espectáculos de la programación de noche en el teatro

Ejercicio 19   ¿Qué te gusta más del Tivoli?

Pregúntale a tu compañero(-a).

=== Ejemplo ===

A mí me gusta más el 'show' de payasos.
No me gusta nada el espectáculo del Oeste Americano.

Ejercicio 20   Un día en el Tivoli

Con un compañero o una compañera, decide cómo vais a pasar un día en el Tivoli. He aquí algunas de las atracciones y, en la información, te dice qué está incluido ya en el precio de entrada. Haz una lista de las cosas que vais a hacer.

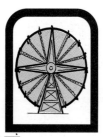
La noria
big wheel

Las barcas choque
bumper boats

El tren fantasma
ghost

La montaña rusa
bigdipper

El tío vivo
carousel

76 *setenta y seis*

Ejercicio 21   ¿En qué quedáis?

1 Charla con un compañero o una compañera usando la información siguiente. ¿En qué quedáis al final?

Información

Tú quieres ir a una discoteca. Las discotecas están abiertas hasta la madrugada.

Tu compañero(-a) prefiere ir al concierto de música pop en el Tivoli. El concierto empieza a las 7.30 y termina a las 9.45.

2 Ahora, escribe la conversación que habéis tenido en tu cuaderno.

Ejercicio 22   ¿A qué hora se abre/se cierra?

Usa la información que sigue y trabaja con un compañero o una compañera.

Ejemplo

Tú:	¿A qué hora se abre el Tivoli?
Empleado:	Se abre a las seis de la mañana.
Tú:	¿A qué hora se cierra?
Empleado:	Se cierra a las dos de la madrugada. Small hours
Tú:	¿Cuánto cuestan las entradas?
Empleado:	Cuestan seiscientas pesetas por persona. Los niños menores de siete años entran gratis.

TIVOLI

18.00–02.00

600 ptas

gratis

1

ZOO

09.30–18.00

700 ptas

350 ptas

2

MUSEO

10.00–17.00

150 ptas

gratis

3

CORRIDA

16.00–19.30

800 ptas

400 ptas

4

BOLERA

08.30–20.45

500 ptas

250 ptas

6

7 VISITANDO A LA FAMILIA

EL VIAJE DE IDA

En el despacho de billetes de Alcina Graells

Manolita Pelayo es la prima de Pedro. Vive en Cuatro Caminos, un barrio residencial de Madrid, pero es natural de Málaga. Quiere visitar a sus tíos y a sus primos en Málaga. Manolita quiere viajar en autocar, porque es más barato.

Empleada: Buenos días. ¿Adónde quiere ir?

Manolita: Quiero ir a Málaga. ¿A qué hora hay un autocar?

Empleada: ¿Cuándo quiere usted viajar?

Manolita: Quiero viajar el sábado que viene.

Empleada: Hay un autocar que sale a las nueve de la mañana.

Manolita: Y ¿a qué hora llega?

Empleada: Pues, a las seis de la tarde.

Manolita: ¿Hay que hacer trasbordo?

Empleada: No, señorita. Es directo. ¿Quiere hacer una reserva ahora?

Manolita: Sí, por favor. ¿Puedo reservar un asiento de ventanilla?

Empleada: Sí, señorita. El asiento número veinticuatro.

Manolita: ¿Cuánto cuesta un billete de ida y vuelta?

Empleada: Son mil ochocientas pesetas.

Manolita: Aquí tiene. Gracias.

Empleada: A usted, señorita.

Manolita: ¡Ah! Se me olvidaba. ¿A qué hora tengo que estar aquí?

Empleada: El autocar sale a las nueve en punto de la mañana. Tiene que estar aquí cinco minutos antes.

Manolita: Y ¿de qué andén sale?

Empleada: Sale del andén número siete.

Manolita: Muchas gracias. ¡Adiós!

Ejercicio 1   ¿Has comprendido?

Contesta estas preguntas en tu cuaderno.

1. ¿Adónde quiere ir Manolita?
2. ¿Cuándo quiere ir?
3. ¿A qué hora sale el autocar?
4. ¿A qué hora llega?
5. ¿Hay que cambiar?
6. ¿Qué tipo de asiento quiere y qué número es?
7. ¿Qué tipo de billete pide y cuánto cuesta?
8. ¿A qué hora tiene que estar en la estación de autobuses?

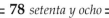

Ejercicio 2   ¿Qué preguntan?

Escribe una pregunta para cada respuesta en tu cuaderno.

1. Sí, señor. El asiento número cincuenta y dos.
2. No, señorita. Va directo.
3. Quiero ir a Salamanca.
4. Quiero viajar mañana.
5. Tiene que estar aquí a las trece treinta.
6. No. No quiero hacer una reserva.
7. Llega a las diez en punto.
8. Hay un autocar que sale a las tres.

Ejercicio 3   Conversaciones

Trabaja con un compañero o con una compañera.

Ejemplo

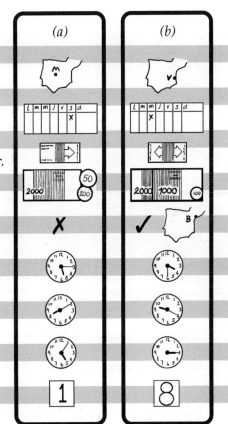

Empleado:	¿Adónde quiere ir?
Tú:	Quiero ir a Sevilla.
Empleado:	¿Cuándo quiere usted viajar?
Tú:	Quiero viajar el lunes que viene.
Empleado:	¿Quiere hacer una reserva ahora?
Tú:	Sí. Déme un billete de ida y vuelta por favor.
Empleado:	Aquí tiene. Son 1.500 pesetas.
Tú:	¿Hay que cambiar?
Empleado:	Sí. Tiene que hacer trasbordo en Granada.
Tú:	¿A qué hora sale el autocar?
Empleado:	Sale a las once en punto.
Tú:	¿A qué hora llega?
Empleado:	Llega a la una.
Tú:	Y ¿a qué hora tengo que estar aquí?
Empleado:	Tiene que estar aquí cinco minutos antes.
Tú:	¿De qué andén sale el autocar?
Empleado:	Pues, sale del andén número diez.
Tú:	Gracias. ¡Adiós!

Ejercicio 4   Busca la palabra o la frase intrusa

1. autocar • coche • tren • autobus • avión

2. reserva • información • billete • ida y vuelta • ida sólo

3. puerta • horario • salidas • destino • llegadas

4. va directo • no es directo • hay que cambiar • hay que hacer trasbordo

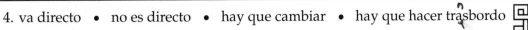

Ejercicio 5   Salidas y llegadas

Hazle estas preguntas a tu compañero(-a).

Destino	Hora de salida	Hora de llegada	Trasbordo
Almería	11.30	18.20	Jaén
Granada	08.00	12.00	Málaga
Cádiz	11.45	15.50	
Madrid	12.10	19.05	
Barcelona	13.50	21.00	Valencia
Santander	15.40	06.00	

Ejemplo

Tú: ¿A qué hora sale el autocar para Sevilla?

Empleado: Sale a las nueve.

Tú: ¿A qué hora llega a Sevilla?

Empleado: Llega a las once.

Tú: ¿Hay que hacer trasbordo?

Empleado: No. No hay que cambiar.

¿Adónde quiere ir?

Quiero ir a… .

¿A qué hora hay un autocar para… ?

Hay un autocar que sale a la(s)… .

¿A qué hora sale el (próximo) autocar para… ?

Sale a la(s)… .

¿A qué hora llega?

Llega a la(s)… .

¿Hay que | hacer trasbordo? | cambiar?

Sí. Hay que | hacer trasbordo cambiar | en… .

No. Es directo.

¿Cuándo quiere usted viajar?

Quiero viajar el… (de la semana) que viene.

¿Quiere hacer una reserva ahora?

Sí. Quiero hacer una reserva.
No. No quiero hacer una reserva.

¿Puedo reservar un asiento de ventanilla?

Sí. Le doy el asiento número… .
No. No hay asientos libres.
Lo siento. No quedan.

Déme … billete(s) | de ida y vuelta. sencillo(s).

Aquí tiene.

¿Cuánto cuesta(n)/vale(n)?

Cuesta(n)/Vale(n)… pesetas.

¿A qué hora tengo que estar aquí?

Tiene que estar aquí a la(s)… .

¿De qué andén sale el autocar?

Sale del andén número… .

En la estación de autobuses

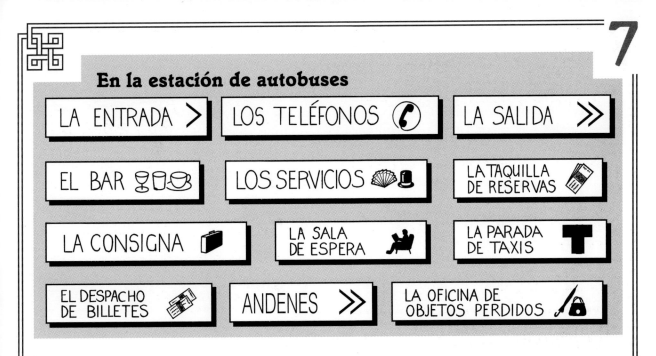

LA ENTRADA >

LOS TELÉFONOS 📞

LA SALIDA >>

EL BAR 🍷🥤☕

LOS SERVICIOS 🪭🎩

LA TAQUILLA DE RESERVAS 📰

LA CONSIGNA 💼

LA SALA DE ESPERA 🪑

LA PARADA DE TAXIS 🇹

EL DESPACHO DE BILLETES 🎫

ANDENES >>

LA OFICINA DE OBJETOS PERDIDOS 🎒

Ejercicio 6   Pidiendo indicaciones

Trabaja con un compañero o una compañera. Estás en la estación de autobuses. Pregúntale a tu compañero(-a) dónde están las cosas que se ven en el plano.

Ejemplo

Tú: ¿Dónde está la salida, por favor?

Viajero: Está allí, al lado de la sala de espera.

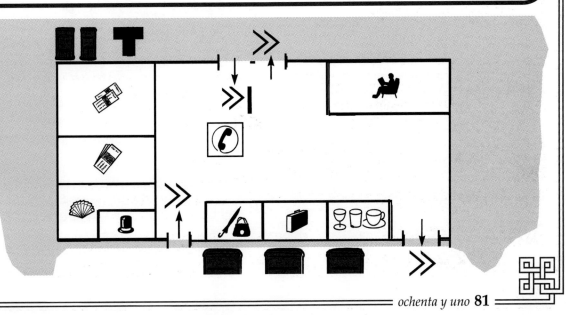

En el autocar

Forastero: Por favor, señorita, creo que éste es mi asiento.
Señorita: No, señor. Usted está equivocado. Es el mío.
Forastero: ¿No es el asiento número veintitrés?
Señorita: No señor. Es el número veintinueve.
Forastero: ¡Ay! Perdone usted.

Más tarde
Forastero: Por favor, señorita. ¿Está ocupado este asiento?
Manolita: No. Está libre.

En carretera
Forastero: ¿Le molesta si abro la ventanilla?
Manolita: No. Ábrala si quiere.

Quince minutos después
Forastero: ¿Le molesta si fumo?
Manolita: Sí. ¡Lo siento! Me molesta el humo del tabaco.
Forastero: Perdone, señorita.
Manolita: No hay de qué. ¿Le molesta si cierro la ventanilla? Está empezando a hacer frío.
Forastero: No. Ya puede cerrarla.
Manolita: Gracias.

Ejercicio 7   ¿Verdad o mentira?

1. El señor se ha equivocado de asiento.
2. Quiere el asiento número veintitrés.
3. No quiere abrir la ventanilla.
4. Quiere fumar un cigarillo.
5. A Manolita le gusta el humo del tabaco.
6. Manolita quiere cerrar la ventanilla porque tiene frío.

¿Está ocupado este asiento?

Ejercicio 8   Letras mezcladas

1 c a t o r a u   2 b i r e l   3 n a l t e l v i a n   4 e v a s e r r

5 s a t ó n e i c   6 s t a r b d o o r   7 p u c o o d a

Ejercicio 9 ¿Está ocupado este asiento?

Pregúntale a tu compañero(-a).

1 2 3

Ejercicio 10 ¿Le molesta si…?

¿Cuáles son las preguntas? Escríbelas en tu cuaderno.

1 2 3

Creo que éste es mi asiento.	Usted está equivocado. Es el mío.
¿No es el asiento número… ?	No. Es el número… .

¿Está	ocupado reservado libre	este/ese asiento?

Sí. Está	ocupado. reservado. libre.
No. Está	

¿Le molesta si	abro cierro	la ventanilla?

Sí. ¡Lo siento!

No.	Ábrala Ciérrela	si quiere.
	Ya puede abrirla/cerrarla.	

¿Le molesta si fumo?

Sí. No me gusta el humo del tabaco.

No.	Fume si quiere. Ya puede fumar.

LA LLEGADA

¿Has tenido buen viaje?

Tía Pili: ¡Hola, Manolita! ¿Cómo estás?
Manolita: Muy bien, tía. ¿Y tú?
Tía Pili: Pues vamos tirando. ¿Cuándo llegaste?
Manolita: Sólo llegué hace media hora.
Tía Pili: Y ¿cómo has venido?
Manolita: He venido en autocar.
Tía Pili: Bien. ¿Has tenido buen viaje?
Manolita: Sí, pero fue muy largo y bastante pesado además.
Tía Pili: ¿Cuánto tiempo duró?
Manolita: Duró, pues, once horas.
Tía Pili: ¡Madre mía! ¿A qué hora saliste?
Manolita: Salí de casa esta mañana a las siete y veinte para ir a la estación de autobuses. Luego, el autocar salió a las nueve en punto.
Tía Pili: Y ¿acabas de llegar? Son muchas horas de carretera.

7

Ejercicio 11 ¿Cuáles son las respuestas?

Contesta estas preguntas en tu cuaderno.

1. ¿Cuándo llegó Manolita?
2. ¿Cómo viajó?
3. ¿Cómo fue el viaje?
4. ¿Cuánto tiempo duró el viaje?
5. ¿A qué hora salió?

¿Has tenido buen viaje?

Ejercicio 12 Preguntas y respuestas

Busca la respuesta que va con cada pregunta.

1. ¿Cómo has venido?
2. ¿Cuánto tiempo duró el viaje?
3. ¿A qué hora saliste?
4. ¿Has tenido buen viaje?
5. ¿Cuándo llegaste?
6. ¿A qué hora salió el autocar?

a) Salí esta mañana a las once.
b) Sí. Fue bastante agradable.
c) Duró tres horas.
d) Llegué hace una hora.
e) Salió a las once y diez.
f) He venido en autocar.

Ejercicio 13 Conversaciones

Trabaja con un compañero o con una compañera.

Ejemplo

		(a)	(b)

Amigo(-a): ¿Cuándo llegaste a Granada?

Tú: Pues, llegué esta mañana.

Amigo(-a): ¿Cómo has venido?

Tú: He venido en autocar.

Amigo(-a): ¿A qué hora saliste de casa?

Tú: Salí a las ocho y media de la mañana.

Amigo(-a): ¿A qué hora salió el autocar?

Tú: Salió a las nueve menos cuarto.

Amigo(-a): ¿Cuánto tiempo duró el viaje?

Tú: Duró, pues, tres horas.

Amigo(-a): ¿Has tenido buen viaje?

Tú: Sí. Fue muy rápido y agradable.

corto ✓
interesante.

largo ✗
aburrido.

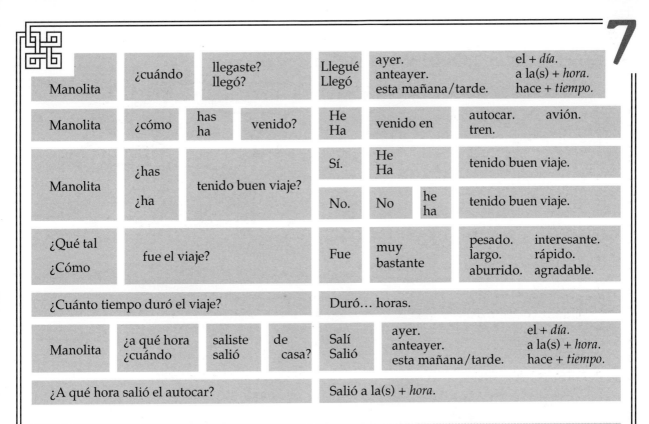

Manolita	¿cuándo	llegaste? / llegó?	Llegué / Llegó	ayer. / anteayer. / esta mañana/tarde.	el + *día*. / a la(s) + *hora*. / hace + *tiempo*.
Manolita	¿cómo	has / ha venido?	He / Ha	venido en	autocar. avión. / tren.
Manolita	¿has / ¿ha	tenido buen viaje?	Sí. / No.	He / Ha ... No / he / ha	tenido buen viaje. / tenido buen viaje.
¿Qué tal / ¿Cómo	fue el viaje?		Fue	muy / bastante	pesado. interesante. / largo. rápido. / aburrido. agradable.
¿Cuánto tiempo duró el viaje?			Duró… horas.		
Manolita	¿a qué hora / ¿cuándo	saliste / salió	de casa?	Salí / Salió	ayer. anteayer. esta mañana/tarde. / el + *día*. a la(s) + *hora*. hace + *tiempo*.
¿A qué hora salió el autocar?			Salió a la(s) + *hora*.		

HABLANDO DE VIAJES

¿Cuándo te vas? 🖭

Dos días más tarde, Manolita se encuentra con Pablo, un amigo de su primo, Pedro.

Pablo: ¡Hola, Manolita! ¡Mucho tiempo sin verte! ¿Cuánto tiempo vas a quedarte aquí?
Manolita: ¡Hola, Pablo! Pues voy a quedarme tres semanas.
Pablo: ¿Cuándo te vas otra vez? again
Manolita: Tengo que volver a Madrid a fines de mes. Me voy el día 30 de agosto.
Pablo: ¿Cómo vas a viajar?
Manolita: Vuelvo en tren.
Pablo: ¿Cuándo vas a estar de vuelta en casa?
Manolita: Pues, el treinta y uno de agosto.
Pablo: No está mal.

Ejercicio 14 Preguntas

Trabaja con un compañero o con una compañera.	(a)	(b)	(c)
1. ¿Cuánto tiempo vas a quedarte en Cádiz?	1 mes	5 días	1 semana
2. ¿Cuándo vas a volver a Barcelona?	JULIO 29	JUNIO 12	AGOSTO 5
3. ¿Cómo vas a viajar?			
4. ¿Cuándo vas a estar de vuelta en casa?	JULIO 30	JUNIO 15	AGOSTO 5

Ejercicio 15   Redacción

Ahora, escribe en tu cuaderno las conversaciones del Ejercicio 14.

Ejercicio 16   ¿Cuáles son las respuestas?

1. ¿Cuánto tiempo vas a estar aquí?
2. ¿Cómo fue el viaje?
3. ¿Cuándo vas a volver a casa?
4. ¿Cómo viajaste?
5. ¿Cuándo vas a volver a Madrid?
6. ¿Cuándo llegaste?
7. ¿Cómo vas a volver a Londres?
8. ¿Cuándo saliste de Manchester?
9. ¿Cuánto tiempo duró el viaje?

a) Duró cinco horas.
b) Sólo una semana.
c) Salí anteayer.
d) Fue muy rápido.
e) En avión.
f) La semana que viene.
g) Llegué ayer.
h) Viajé en tren.
i) Voy a volver el día 2 de mayo.

El viaje de Pablo

Pablo va a pasar unos días con su familia en la casa de sus abuelos en Sevilla. Su hermano, Alberto, salió para Sevilla anteayer. Pablo y sus padres van a salir para Sevilla pasado mañana temprano. Van a viajar en coche. Pablo va a volver solo a Málaga. Va a viajar en tren el día veinticuatro, y Alberto y sus padres van a quedarse en Sevilla hasta el final del mes. Van a estar de vuelta en casa el 30 de agosto.

Ejercicio 17   ¿Qué dicen?

Rellena los huecos y escribe las frases completas en tu cuaderno.

1. Pablo va a _ _ _ _ _ unos días en Sevilla.
2. Alberto _ _ _ _ _ para Sevilla anteayer.
3. Pablo y sus padres _ _ _ a salir para Sevilla pasado mañana.
4. Van a _ _ _ _ _ _ en coche.
5. Pablo va a _ _ _ _ _ _ solo a Málaga.
6. Pablo va a _ _ _ _ _ _ en tren.
7. Sus padres y su hermano _ _ _ a quedarse en Sevilla hasta el final del mes.
8. Sus padres y su hermano van a _ _ _ _ _ de vuelta en casa el 30 de agosto.

¿Cuánto tiempo	vas / va	a	estar quedarte/se pasar	en…?	Voy / Va	a	estar quedarme/se pasar		… día(s).
							Me quedo Se queda		… semana(s).
¿Cuándo	vas / va	a	salir para… ? volver a… ?		Voy / Va	a	salir para… volver a…		a la(s) + *hora*. hoy. mañana. pasado mañana. la semana que viene. el (día)… de + *mes*.
	sales/sale para… ? vuelves/vuelve a… ?				Salgo/sale para… Vuelvo/Vuelve a…				
¿Cómo	vas / va	a	viajar? ir? volver?		Voy / Va	a	viajar ir volver	en	autocar. avión. tren. coche. barco.
	vuelves/vuelve?				Vuelvo/Vuelve				
¿Cuándo	vas / va	a	estar de vuelta en casa?		Voy / Va	a	estar de vuelta en casa		a la(s) + *hora*. mañana. pasado mañana. el (día)… de + *mes*.
	llegas/llega?				Llego/Llega				

LA VUELTA

El regalo del tío Enrique

Es el treinta de agosto. Hoy Manolita va a volver a Madrid, pero no va a viajar en
tren. Su tío Enrique le ha comprado un billete para el avión, como regalo. El vuelo
es muy rápido. Sólo dura una hora. Manolita va a tener un viaje más
interesante y agradable porque su prima Ana y su tía Pili van a
viajar en el avión con ella. Van a pasar unos días en Madrid
haciendo compras. El vuelo a Madrid sale a las catorce horas y
veinte minutos, o sea, a las dos y veinte de la tarde.

Ejercicio 18   ¿Has comprendido?

Escribe las respuestas en tu cuaderno.

1. ¿Cuándo vuelve Manolita a Madrid?
2. ¿Cómo va a viajar?
3. ¿Por qué no va a viajar en tren?
4. ¿Cuánto tiempo va a durar el viaje?
5. ¿Por qué va a ser más interesante y agradable?
6. ¿Por qué van su tía y su prima a Madrid?
7. ¿A qué hora van a salir para Madrid?

En el aeropuerto

delay

Cuando Manolita, su tía y su prima llegan al aeropuerto, encuentran que el avión lleva una hora y media de retraso. Van al bar para tomar algo y Manolita empieza a hablar con otros viajeros, los señores Díaz de Barcelona.

Manolita: ¿Son ustedes de Málaga?

Sr Díaz: No. Somos de Barcelona, pero hemos venido a visitar a unos amigos que viven en Marbella.

Sra Díaz: Sí. Estamos esperando el avión para volver a casa.

Manolita: ¿A qué hora van ustedes a salir?

Sr Díaz: Vamos a salir en el avión de las dos y media.

Manolita: Y ¿cuándo llegaron a Málaga?

Sra Díaz: Pues, llegamos a Málaga hace un mes. Vinimos en tren, pero ahora volvemos en avión porque es más rápido.

Manolita: ¿A qué hora salieron ustedes de Marbella esta mañana entonces?

Sr Díaz: Salimos tarde, a las once y media. Llegamos aquí hace media hora. Y tú, ¿qué haces aquí?

Manolita: Voy a Madrid. He venido a visitar a mis tíos. Mi vuelo lleva retraso y no va a salir hasta las cuatro menos diez.

(Llamada para los pasajeros del vuelo 326 a Barcelona. Se ruega que pasen por la puerta número siete. Gracias.) Please

Manolita: Están llamando su vuelo. ¡Buen viaje!

Sra Díaz: Muchas gracias. ¡Encantada de conocerte! ¡Adiós!

Sr Díaz: ¡Adiós!

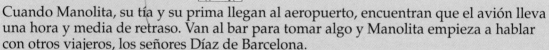

¿Son (ustedes) de Málaga?	Sí. Somos de Málaga. No. Somos de… .
¿A qué hora van (ustedes) a salir?	Vamos a salir a la(s)… .
¿Cuándo llegaron (ustedes) a… ?	Llegamos a… hace un mes. ayer. hace una semana. anteayer. hace… horas.
¿Cómo vinieron a… ?	Vinimos en barco. coche. tren. autocar. avión.
¿Para qué vinieron a… ?	Vinimos para visitar a… .
¿A qué hora salieron (ustedes) de… ?	Salimos a la(s)… .

Ejercicio 19   Conversaciones

Trabaja con un compañero o con una compañera.

Tú:	¿A qué hora salieron ustedes de casa?
Otros viajeros:	Salimos a las seis de la mañana.
Tú:	¿Cuándo llegaron al aeropuerto?
Otros viajeros:	Llegamos hace dos horas.
Tú:	¿Cómo vinieron al aeropuerto?
Otros viajeros:	Vinimos en tren.
Tú:	¿Cuánto tiempo van a quedarse en Inglaterra?
Otros viajeros:	Vamos a pasar un mes allí.
Tú:	¿A qué hora van ustedes a salir para Inglaterra?
Otros viajeros:	Vamos a salir a las tres de la tarde.
Tú:	¿A qué hora van a llegar allí?
Otros viajeros:	Vamos a llegar a las seis de la tarde.

(a)   *(b)*

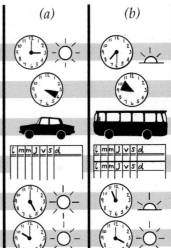

Ejercicio 20   Preguntas y respuestas

1   **Las preguntas siguientes están en el plural. Escríbelas en tu cuaderno en el singular.**

─── **Ejemplo** ───

¿Cómo han venido (ustedes) a Fuengirola?

¿Cómo ha venido (usted) a Fuengirola?

a) ¿A qué hora salieron ustedes de casa esta mañana?

b) ¿Cuándo llegaron ustedes al aeropuerto?

c) ¿Cómo vinieron al aeropuerto?

d) ¿Cuándo van a volver a Inglaterra?

e) ¿Cuánto tiempo van a quedarse en Inglaterra?

f) ¿A qué hora van ustedes a salir para Inglaterra?

g) ¿A qué hora van a llegar a casa?

2   **Ahora, escribe en tu cuaderno, en español, respuestas apropiadas a las preguntas.**

─── **Ejemplo** ───

¿Cómo ha venido a Fuengirola?

He venido a Fuengirola en autocar.

Ejercicio 21   ¡Ahora tú!

Charla con un compañero o una compañera. Utiliza algunas de las preguntas del Ejercicio 20 y también la información que sigue.

─── **Información** ───

Saliste de casa a las ocho. Fuiste al aeropuerto en coche. Llegaste a Madrid hace una semana. Vuelves a Inglaterra esta tarde. Vas a salir a las cinco y media en avión. Vas a llegar a casa a las doce de la noche.

1   Tu compañero(-a) te tiene que hacer unas preguntas a ti.

2   Ahora tú tienes que preguntarle a tu compañero(-a).

UNIDAD OCHO
¿DÓNDE ESTÁ?
RECLAMANDO OBJETOS PERDIDOS

¡He perdido la maleta!

Clare acaba de llegar al aeropuerto de Málaga. Va a pasar unas semanas en casa de Marta, su correspondiente española. En la sala de llegadas va a recoger el equipaje, pero su maleta no está.

Clare: ¡Hola, Marta! ¿Qué tal? Y ¿ha venido tu madre también? ¡Qué amable! ¿Cómo está usted?

Madre: Bien, hija. ¿Has tenido buen viaje?

Clare: Sí, pero ¿sabe una cosa? ¡He perdido la maleta! Cuando fui a la sala de llegadas para recoger mi equipaje, la maleta no estaba allí. ¿Qué puedo hacer?

Marta: Vamos a la oficina de Iberia aquí en el aeropuerto. Allí podemos decirles lo que ha pasado.

En el despacho de Iberia

Madre: ¡Oiga, por favor! ¿Puede ayudarnos?

Empleado: Sí, señora. ¿En qué puedo servirle?

Marta: Mi amiga acaba de llegar de Inglaterra y ha perdido la maleta.

Empleado: ¿Dónde la ha perdido?

Clare: Fui a recoger la maleta en la sala de llegadas hace unos minutos y no estaba allí.

Empleado: Ya. ¿Cómo es la maleta, por favor?

Clare: Es bastante grande. Es negra y es nueva. Tiene una etiqueta con mi nombre y mis señas en Málaga.

Empleado: ¿De qué material está hecha la maleta?

Clare: Es de plástico. La marca es Delsey. Vale unas cincuenta libras esterlinas.

Empleado: Y ¿qué tenía en la maleta?

Clare: Tenía toda mi ropa y unos regalos.

Empleado: Y ¿cómo se llama usted, por favor?

Clare: Me llamo Clare Worthington. ¿Quiere que lo escriba?

Empleado: Sí… Gracias. ¿Y su dirección en Málaga?

Clare: Calle Valparaíso número 38, El Palo, Málaga.

Empleado: ¿Tiene número de teléfono?

Clare: Sí, señor. El número es el treinta y dos, sesenta y cinco, cuarenta y tres.

Empleado: Gracias. Lo siento mucho. Probablemente, la maleta está en otro avión. Le llamamos a este número si llega. Si no oye nada en dos días, vuelva aquí, a esta oficina, para hacer una reclamación.

Clare: Muchas gracias.

Empleado: De nada, señorita.

Ejercicio 1 ¿Has comprendido?

Contesta estas preguntas en tu cuaderno.

1. ¿Qué ha perdido Clare?
2. ¿Dónde esperaba encontrarla?
3. ¿A quién se lo dice?
4. ¿Adónde va para quejarse de lo que ha pasado?
5. ¿Cómo es la maleta?
6. ¿De qué color es?
7. ¿De qué material está hecha?
8. ¿Qué tenía en la maleta?
9. ¿Vale mucho?
10. Si la maleta no llega en otro avión ¿qué tiene que hacer?

Ejercicio 2 ¿Qué dicen?

Completa estas frases en tu cuaderno.

1. ¿En qué puedo _____ ?
2. ¿Qué _____ perdido?
3. He _____ la maleta.
4. ¿Qué puedo _____ ?
5. ¿Dónde _____ ha perdido?
6. ¿De qué material está _____ ?
7. ¿Cuál es su _____ en Málaga?
8. Vuelva aquí para hacer una _____ .

Ejercicio 3 ¿Has perdido algo?

Trabaja con un compañero o con una compañera.

=== Ejemplo ===

Compañero(-a): ¿Qué buscas? ¿Has perdido algo?

Tú: Pues sí. He perdido la cámara.

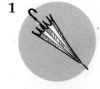

Ejercicio 4   Letras mezcladas

¿Reconoces estas frases? Escríbelas en forma correcta en tu cuaderno.

1 ¿móoc seát tesud?   2 ¿bessa anu soac?

3 ¿ne éuq podeu versrelis?

4 ol toneis humoc

Ejercicio 5   ¿Cómo es?

Trabaja con un compañero o con una compañera. Has perdido uno de estos objetos.
Explícale a tu compañero(-a) cómo es.

Ejemplo

Tú: He perdido la bufanda.
Compañero(-a):   ¿De qué color es?
Tú: Es blanca y negra.
Compañero(-a):   ¿De qué está hecha?
Tú: Está hecha de lana.

Ejercicio 6   ¿Qué son estos objetos?

Empareja cada nombre con la descripción correspondiente.

1. Normalmente es negro. Es un aparato bastante caro.
2. Es de plástico o cuero. Es de señora. Es para llevar dinero.
3. Es de metal y tela. Se usa cuando llueve para no mojarse.
4. Es largo y de lana. Tiene botones y un cinturón. Se pone encima de la ropa cuando hace frío.
5. Es de metal y cuero y se lleva en la muñeca. Se usa para decir la hora.
6. Es de plástico o cuero. Es de caballero. Se usa para llevar billetes, fotos, sellos y tarjetas de crédito.
7. Son de metal. Son pequeñas. Se cierran las puertas con ellas.
8. Es de papel y cuero. Se usa para viajar de un país a otro. Es un documento de identidad.
9. Es bastante pequeño. Es de señora. Es para poner cosas personales. Es de plástico o cuero.
10. Se usa para poner ropa cuando vas de vacaciones.

a) un pasaporte
b) unas llaves
c) un bolso
d) un monedero
e) una cámara
f) un paraguas
g) un abrigo
h) una cartera
i) una maleta
j) un reloj de pulsera

Ejercicio 7   Conversaciones

Hazle estas preguntas a tu compañero(-a).

	(a)	(b)	(c)
¿Qué has perdido?			
¿Dónde?	RENFE	METRO	
¿Cuándo?	ayer	esta mañana	hace dos horas
¿Cómo es?	grande, nueva	pequeño, viejo	de tamaño normal, vieja
¿De qué color es?	verde	marrón	negro
¿De qué material está hecho(-a)?	de cuero	de plástico	de metal
¿Cuánto vale?	2000 1000	500	5000 2000

¡He perdido el monedero!

Empleada: ¿En qué puedo servirle?

Marta: Hace dos días, mi amiga inglesa perdió la maleta. Ahora me toca a mí. ¡He perdido el monedero!

Empleada: ¡Qué mala suerte, señorita! ¿Dónde lo ha perdido?

Marta: No sé. Creo que lo dejé en el autobús cuando volvíamos del cine.

Empleada: Y ¿qué tenía en el monedero?

Marta: Dos billetes de dos mil pesetas, unas monedas y la llave de mi casa.

Empleada: Y ¿cómo es el monedero?

Marta: Es de plástico. Es rojo y muy pequeño.

Empleada: ¡Lo siento, señorita! Nadie ha entregado un monedero así aquí. ¿Quiere volver más tarde? A lo mejor alguien lo encuentra. También tiene que hacer una denuncia a la policía. ¿Me da su nombre y su número de teléfono por si alguien lo encuentra?

Marta: Sí, ¡claro!

Y la cesta que ha perdido, ¿qué tenía dentro?

Ejercicio 8   ¿Verdad o mentira?

1. Marta ha perdido el bolso.

2. Lo ha perdido en el aeropuerto.

3. Tenía dinero dentro.

4. También ha perdido la llave de su casa.

5. El monedero es pequeño.

6. El monedero está hecho de cuero.

7. Nadie ha entregado su monedero.

8. Marta tiene que denunciar su pérdida a la policía.

Ejercicio 9   ¡He perdido la cartera!

Tu compañero(-a) quiere saber que tenía dentro. Mira los dibujos y díselo.

=== **Ejemplo** ===

Compañero(-a): ¿Qué tenías en la cartera?

Tú: Pues, tenía el talonario de cheques.

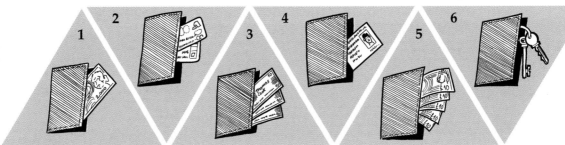

Ejercicio 10   Preguntas y respuestas

Busca la respuesta que va con cada pregunta.

1. ¿Qué ha perdido?
2. ¿Dónde lo ha perdido?

3. ¿Cuándo lo perdió?
4. ¿Cómo es?
5. ¿De qué está hecha?
6. ¿Qué tenía dentro?
7. ¿Vale mucho?
8. ¿Cómo se llama usted?
9. Su dirección, por favor.
10. Y su número de teléfono.

a) Es el trece, ochenta y seis cuarenta y uno.
b) El saco no, pero mi bañador vale dos mil pesetas.
c) He perdido un saco de playa.
d) Me llamo Ann Jones.
e) Creo que lo perdí en la playa.
f) Esta tarde.
g) Es de paja.
h) Es pequeño y de color amarillo.
i) Vivo en la calle Alcalá número diez.
j) Tenía mi bañador.

Ejercicio 11 Busca la palabra o la frase intrusa

1. monedero • pasaporte • cartera • talonario de cheques

2. blanco • negro • cuero • azul • verde

3. esta tarde • hoy • ayer • esta mañana

4. grande • etiqueta • mediano • pequeño

5. tela • plástico • reloj • algodón • paja

6. ¿qué? • ¿cómo? • ¿dónde? • ¿cuándo? • he perdido

7. nombre • reclamación • teléfono • dirección • señas

8. en un taxi • en el aeropuerto • en la estación • no sé

Ejercicio 12 ¿Qué han perdido?

Trabajas en la oficina de objetos perdidos y tienes que registrar todas las pérdidas del sábado pasado. Copia el cuadro siguiente en tu cuaderno y complétalo.

1 Me llamo Teresa López. He perdido unos pendientes. Son grandes, nuevos, de plata. Los perdí en el bar Escala. Valen 4.000 pesetas. Mi número de teléfono es el 234277.

2  Me llamo Antonio Martín. He perdido el paraguas. Es grande, de color azul y verde, marca Benetton y es de nilón. Lo perdí en el museo. Vale 3.300 pesetas. Mi número de teléfono es el 628893.

3 Me llamo Ana Vázquez. He perdido las gafas. Son de metal, color negro. Las perdí en el parque. Valen unas 5.000 pesetas. Mi número de teléfono es el 714551.

4  Me llamo María Piñero. He perdido un collar. Es de perlas. Lo perdí en el centro. Vale 6.000 pesetas. Mi número de teléfono es el 623395.

5 Me llamo Carmen Beltrán. He perdido un chal. Es de seda, color verde. Lo perdí en el autobús numero 5. Vale 7.000 pesetas. Mi número de teléfono es el 227965.

6 Me llamo Alonso Jarama. He perdido una bufanda. Es de tergal, rojo y azul. La perdí en el castillo. Vale 2.000 pesetas. Mi número de teléfono es el 691176.

nombre y apellido	artículo	descripción	lugar	valor	teléfono

8

Ejercicio 13   Anuncios por palabras

Busca el dibujo que corresponde a cada anuncio.

1 **PERDIDA** pulsera de plata con iniciales A.N.J. cerca de la discoteca 'Luz'. Recompensa. Llame 663399.

2 **DESAPARECIDO** perro blanco y marrón cerca de la playa. Recompensa. Llame 293631.

3 **PERDIDA** cartera de cuero con carnet de identidad, en el centro. Tel: 223597.

4 **PERDIDA** cámara marca Zenith en el autobus no 25. Recompensa. Tel 225760.

5 **PERDIDO** reloj de oro en el metro, sábado pasado. Tel 312245.

6 **DESAPARECIDO** mono pequeño. Tel zoo: 424590.

a) b) c) d) e) f)

¿En qué puedo servirle? ¿Qué ha perdido?	He perdido	el un	abrigo. monedero. paraguas.	bolso. reloj (de pulsera). collar.
		el	carnet (de identidad). pasaporte. talonario (de cheques).	dinero. billete de avión. equipaje.
		la una	maleta. cartera. cámara.	bufanda. bolsa. pulsera.
		los unos	cheques de viajero. guantes.	pendientes.
		las unas	llaves. gafas.	

8

¿Dónde ha perdido… ? ¿Dónde lo/la/los/las ha perdido?	Lo/la/los/las he perdido Creo que lo/la/los/las perdí	en	la estación de autobuses. el autobús número 5. la estación. el centro. el metro. la playa. el aeropuerto. el bar Escala. un taxi. el museo. la calle. el parque.

¿Cuándo lo/la/los/las perdió?	Lo/la/los/las perdí	esta	mañana. noche. tarde.
		hace	… días. … horas.
		ayer.	

¿Cómo es/son?	Es Son	muy bastante	pequeño(-a)(s). nuevo(-a)(s). grande(s). viejo(-a)(s).

La marca es… .

	mi nombre. mi dirección.
Tiene una etiqueta con	mis señas.

¿De qué color es/son?	Es	blanco(-a)(s). verde(s). amarillo(-a)(s). negro(-a)(s). gris(es). rojo(-a)(s). marrón(ones) azul(es).		
	Son	(de) color	blanco. verde. amarillo. negro. gris. rojo. marrón. azul. rosa.	

¿De qué (material) está(n) hecho(-a)(s)?	Es Son	de	plástico. lana. plata. metal. nilón. oro. cuero. seda. papel. paja. tergal. tela.	

¿Qué tenía	dentro? en el/la… ?	Tenía… .

¿Cuánto vale(n)? ¿Vale(n) mucho?	Vale(n)… pesetas.

Vuelva aquí para hacer una reclamación.
Tiene que hacer una denuncia a la policía.

8

BUSCANDO COSAS

En casa de Marta

Clare: ¿Por qué no vamos a la playa?

Marta: Está bien. Voy a buscar el bañador.

Clare: ¡Oye! ¿Has visto mis gafas de sol? No las encuentro.

Marta: Sí. Aquí están, al lado del televisor. ¿Has visto la loción bronceadora? No la encuentro.

Clare: Pues, no. No sé donde está.

Marta: No importa. Compramos otra en la farmacia.

Más tarde

Clare: Marta, ¿has visto mi libro?

Marta: ¿Cómo es?

Clare: Es bastante grande, de color rojo. Se llama *La España turística*.

Marta: No. No lo he visto. ¿No está en tu habitación?

Clare: No. No lo encuentro en ninguna parte.

Marta: ¿No está en la sala de estar?

Clare: No, tampoco. Ya miré.

Marta: ¿Dónde lo dejaste?

Clare: En el patio.

Marta: ¿Y no está allí?

Clare: No.

Marta: ¡Mira! Aquí está mi madre. Pregúntaselo a ella.

Clare: Por favor, señora, ¿ha visto mi libro?

Madre: Sí. Está en la cocina, encima de la mesa.

Clare: ¡Muchas gracias!

Ejercicio 14   ¿Has comprendido?

¿Qué buscas? ¿Has perdido algo?

Contesta estas preguntas en tu cuaderno.

1. ¿Qué va a buscar Marta?

2. ¿Qué ha perdido Clare?

3. ¿Dónde están?

4. ¿Encuentra Marta la loción bronceadora?

5. ¿Qué busca Clare más tarde?

6. ¿En qué sitios no está?

7. ¿Dónde lo dejó Clare?

8. ¿Quién sabe dónde está?

9. ¿Dónde está?

Ejercicio 15   ¿Has visto mi...?

Ejemplo

Tú: ¿Has visto mi reloj? No lo encuentro.

Compañero(-a): Está en la mesilla de noche.

¿Qué buscas?	Estoy buscando mi(s)... . ¿Has visto mi(s)... ? No lo/la/los/las encuentro.

Sí. Está(n) + *preposición* + *sitio*.

No.	No sé dónde está(n). No lo/la/los/las he visto.

¿(No) están + *preposición* + *sitio*?	Sí. No. No, tampoco.

¿Dónde lo/la/los/las dejaste?	No sé. Lo/la/los/las dejé + *preposición* + *sitio*.

Aquí está(n)	en cerca de debajo de lejos de encima de al final de delante de dentro de detrás de a la izquierda de al lado de a la derecha de	+ *objeto*.	¡Muchas gracias!
	entre + *objeto* y + *objeto*.		

9

EL VIAJE DE VUELTA

HACIENDO LOS PREPARATIVOS

La comida para el viaje

Mañana es viernes, 31 de agosto, y Tony tiene que volver a Inglaterra porque las vacaciones del verano se acaban. Va a volver a Manchester en avión con Iberia. Tiene que cambiar en Barcelona. La madre de María José quiere prepararle algo de comer para el viaje, porque la comida en el aeropuerto es bastante cara.

Madre: Y ¿a qué hora sale el avión mañana?

Tony: Sale a las nueve y cuarto de la mañana.

Madre: ¿Tienes que hacer trasbordo?

Tony: Sí. Tengo que cambiar en Barcelona. Llego a Barcelona a las diez y veinte.

Madre: Y ¿a qué hora sales de Barcelona?

Tony: Salgo a las dos menos cuarto.

Madre: Entonces vas a necesitar comida para el viaje, ¿verdad?

Tony: Bueno, sí, pero no se moleste. Puedo comer algo en el aeropuerto.

Madre: Es demasiado caro. Vamos a ver, ¿qué te preparo? Unos bocadillos, una tortilla, ¿qué más?

Tony: Con unos bocadillos de jamón York y algo de fruta, tengo suficiente.

Madre: Bueno. Voy a mandar a María José a comprar jamón y unas manzanas y peras.

Ejercicio 1   ¿Verdad o mentira?

1. Tony sale para Inglaterra desde Málaga mañana por la tarde.
2. Tiene que hacer cambio en Barcelona.
3. El vuelo a Barcelona tarda sesenta y cinco minutos.
4. Va a estar en Barcelona aproximadamente tres horas y media.
5. Sale de Barcelona a las dos de la tarde.
6. La madre de María José quiere preparar unos bocadillos de jamón y queso para el viaje.
7. Manda a María José a comprar jamón York y un poco de fruta.
8. Tony prefiere comer en el aeropuerto.
9. La comida en el aeropuerto es bastante barata.
10. La madre de María José también va a darle algo de beber para el camino.

Ejercicio 2   ¿Qué comida te preparo para el viaje?

Pregúntale a tu compañero(-a).

┌─── **Ejemplo** ───────────────────────────────┐

Tú: ¿Qué comida te preparo para el viaje?

Compañero(-a): Con un bocadillo de tortilla, una manzana y una
                      Coca Cola, tengo suficiente.

└──┘

¿Vas a necesitar comida para el viaje, ¿verdad?		Bueno, sí, pero no se moleste. Sí, gracias.		
¿Qué te preparo?		Con	unos bocadillos de… una tortilla algo de fruta	tengo suficiente.

Los recuerdos de la visita

Tony ha comprado algunas cosas para llevar a casa. La
madre de María José también ha comprado algunos
regalos para él y para sus padres.

Madre: He comprado un regalo para ti, Tony. Es poca cosa,
                pero es para que te acuerdes de nosotros. Es un jersey. Espero que te guste.

Tony: ¡Muchísimas gracias! Yo le he comprado esta cerámica. Y para el
                señor Herrero, he comprado una botella de whisky. ¡Gracias por todo!

Madre: ¡De nada! ¡La cerámica me encanta – es preciosa! ¡Muchas gracias, Tony! Y a
                tus padres les he comprado este mantel. Es de la tienda de regalos donde yo
                trabajo. Estoy segura que les va a gustar mucho.

Tony: Yo también. ¡Muchas gracias, señora Carmela!

María José: Tony, yo te he comprado un disco de los Latin Kings. Sé que te gustan.

Tony: ¡Muchas gracias, María José! Yo te he comprado una calculadora para el
                colegio. Espero que te guste. Para tus hermanos y para ti también, he
                comprado unos bombones.

Madre: Y a tus padres, ¿qué les has comprado?

Tony: Les he comprado un libro sobre Málaga en inglés.

María José: Y ¿no has comprado nada para ti?

Tony: ¡Claro que sí! Me he comprado un cinturón de cuero. Son muy caros en
                Inglaterra.

9

Ejercicio 3   ¿Qué dicen?

Pon las palabras de estas frases en orden.

1. Comprado ti regalo un he para.
2. Guste espero te que.
3. Esta he le cerámica comprado.
4. Ustedes de comprado para botella una he whisky.
5. ¡Todo por gracias!
6. Para nosotros de que acuerdes es te.
7. Mantel este he les comprado padres tus a.
8. Un te comprado disco he yo.
9. He tus ti para unos y bombones comprado para hermanos.
10. Comprado he cinturón me un.

Ejercicio 4   ¿Qué regalos reciben?

Completa estas frases en tu cuaderno.
1. La señora Herrero ha comprado un jersey para _____ .
2. Tony ____ ha comprado _____ a la señora Herrero.
3. ____ Tony, María José le ha comprado _____ .
4. Tony ha comprado ____ ____ para María José.
5. _____ los señores Herrero, Tony ha comprado _____ .
6. La señora Herrero _____ ha comprado un mantel ____ los señores Green.
7. A ____ ____ de María José, Tony les ha comprado unos _____ .

Ejercicio 5   ¿Qué has comprado?

Empareja los dibujos con las frases. Luego, escribe las frases en forma completa en tu cuaderno.

1. Para mí
2. A ti
3. A él
4. A ella
5. A usted
6. A nosotros(-as)
7. A vosotros(-as)
8. A ellos
9. A ellas
10. A ustedes

Ejercicio 6   Conversación

Trabaja con un compañero o una compañera. Pon las frases en orden y emparéjalas para crear una conversación.

1. Vas a necesitar comida para el viaje. ¿Qué te preparo?
2. ¿Tienes que hacer trasbordo o es directo?
3. Como recuerdo, te he comprado este sombrero. ¿Te gusta?
4. Y ¿a qué hora sale el avión?
5. ¡De nada! ¡Las flores son preciosas! ¡Muchas gracias! ¿Les has comprado algo a tus padres?
6. Les va a gustar mucho.
7. ¡Así que mañana te vas! ¿A qué hora sales de aquí?

a) Sale a las nueve y cuarto.
b) Salgo de aquí a las siete en punto.
c) Tengo que hacer trasbordo en Barcelona.
d) ¡Claro que sí! Les he comprado un mantel.
e) Con unos bocadillos y algo para beber, tengo suficiente.
f) ¡Es muy bonito! He comprado estas flores para usted. ¡Muchas gracias por todo!
g) Espero que sí.

He comprado un regalo para	mí. nosotros(-as). ti. vosotros(-as). él. ellos. ella. ellas. usted. ustedes.	¡Muchas ¡Muchísimas	gracias!

(Para	mí)	me				
	ti)	te	he comprado un regalo.	Es	muy bonito(-a)(s).	
(A	él/ella/usted)	le		Son	precioso(-a)(s).	
	nosotros(-as))	nos				
	vosotros(-as))	os		Me gusta(n) mucho… .		
	ellos/ellas/ustedes)	les		Me encanta(n)… .		

Haciendo la maleta

Madre: ¿Has hecho la maleta ya?
Tony: Sí, pero no cierra. ¿Puede ayudarme?
Madre: A ver. Tienes muchas cosas dentro. Está demasiado llena.
Tony: Sí. Ya lo sé. ¿Qué puedo hacer?
Madre: Vamos a ver si podemos meter algo de tu maleta en esta bolsa.
Tony: ¿Caben estos libros y la radio?
Madre: Creo que sí.
Tony: ¡Estupendo!

Ejercicio 7 ¿Caben estas cosas?

Trabaja con un compañero o una compañera. Estás haciendo la maleta. Pregúntale a tu compañero(-a) si caben estas cosas.

Ejemplo

> *Tú:* ¿Cabe este mantel?
> *Compañero(-a):* Creo que no. No cabe. Vamos a meterlo en esta bolsa.

¿Has hecho la maleta ya?	Sí. No. Sí, pero la maleta no cierra.
¿Puedo ayudarte/le?	Sí, si quiere(s). No. No es necesario.
Tienes muchas cosas dentro. Está demasiado llena.	¿Qué puedo hacer?
Vamos a ver si podemos meter algo de tu maleta en esta bolsa.	¿Cabe(n)... ?
Creo que sí.	¡Estupendo!

El viernes por la mañana

Madre: ¿Qué te pasa, Tony? ¿No estás contento de volver a casa hoy?

Tony: Sí, pero también estoy triste. Es que les voy a echar de menos a ustedes, a María José y a todos mis amigos españoles. No tengo ganas de irme.

Madre: Es normal. Te lo has pasado bien aquí, ¿verdad?

Tony: Sí. ¡Me lo he pasado de maravilla! ¡Muchísimas gracias por todo!

Madre: De nada, Tony. Ha sido un placer tenerte en casa.

9

Ejercicio 8   ¿Qué dicen?

Completa las frases en tu cuaderno.

1. Tony no está _____ de volver a casa.
2. Les va a _____ de menos _____ la familia Herrero.
3. No tiene _____ de irse.

4. Se lo ha _____ muy bien en Málaga.
5. Se lo ha _____ de _____ .
6. Para la señora Herrero, ha sido un _____ tenerle _____ .

Ejercicio 9   ¿Te lo has pasado bien?

Pon las palabras de estas frases en orden.

1. Pasado te ¿verdad? has bien lo.
2. Me bien he no lo pasado.
3. He mal me bastante lo pasado.

4. Lo de ha se maravilla pasado Tony.
5. Muy lo sus bien han amigos también pasado se.

Ejercicio 10   ¿Qué te pasa?

1 **Escoge la respuesta apropiada para cada caso.**

1. ¡Menos mal!
2. ¡Que aproveche!
3. ¡Qué bien! ¡Qué ilusión!
4. ¡Qué mala suerte!
5. ¡Que te mejores pronto!
6. ¡Qué pena! ¡Qué lástima! Es normal.
7. ¡Enhorabuena!
8. ¡Buenas noches!

9

2 Trabaja con un compañero o una compañera. Explícale qué es lo que te pasa.

─────────── **Ejemplo** ───────────

Compañero(-a): ¿Qué te pasa?

Tú: Estoy triste. No tengo ganas de irme.

1. Estoy cansado(-a). No tengo ganas de ─────── .

2. Estoy muy blanco(-a). Tengo ganas de ─────── .

3. Estoy aburrido(-a). Tengo ganas de ─────── .

4. Hace calor. Tengo ganas de ─────── .

5. Tengo fiebre. No tengo ganas de ─────── .

6. Tengo un examen mañana. No tengo ganas de ─────── .

No tengo ganas de bañarme hoy.

Ejercicio 11   ¿Qué dices?

Busca la frase que conviene en cada caso.

1. ¡Bienvenidos!

2. ¡Felicidades!

3. ¡Feliz navidad!

4. ¡Feliz año nuevo!

5. ¡Enhorabuena!

6. ¡Buen viaje!

7. ¡Encantado(-a) de conocerle!

8. ¡Salud!

9. ¡Perdón!/¡Perdone!

a)

b)

c)

d)

e)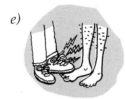

f)

g)

h)

i)

¿Qué te pasa?

Estoy
triste.
contento(-a).
preocupado(-a).
cansado(-a).

Les voy a echar de menos a ustedes.
No tengo ganas de irme.

Es normal.
¿Te lo has pasado bien?

Me lo he pasado de maravilla.
¡Muchísimas gracias por todo!

De nada.
Ha sido un placer tenerte en casa.

¡Que te mejores (pronto)!
¡Que aproveche(n)!
¡Qué bién!/¡Qué ilusión!
¡Qué (mala) suerte!
¡Qué pena!/¡Qué lástima!
¡Felicidades!
¡Feliz navidad!
¡Feliz año nuevo!
¡Buen viaje!

¡Buenas noches!
¡Bienvenido(-a)(s)!
¡Enhorabuena!
¡Salud!
¡Cuidado!
¡Perdón!/¡Perdone!
¡Menos mal!
¡De nada!
¡Encantado(-a) de conocerte/le!

¡Cuidado!

¡BUEN VIAJE!

La despedida

María José y su madre han ido al aeropuerto a despedir a Tony.

(Última llamada para los pasajeros del vuelo 634 a Manchester con correspondencia a Barcelona. Se ruega que pasen por la puerta número siete.)

Madre: ¿Tienes el billete?

Tony: Sí. Aquí está. ¡Bueno! Están llamando mi vuelo. Tengo que irme. ¡Muchísimas gracias por todo! Mis padres dicen que por qué no vienen a Inglaterra el año que viene.

Madre: ¿Cómo no? ¡De acuerdo! ¡Sí vamos a ir! Llámanos por teléfono cuando llegues. Espero que vuelvas aquí algún día a vernos.

Tony: ¡Claro! Me gustaría mucho. ¡Muchas gracias por todo, señora Carmela!

Madre: No hay de qué. ¡Adiós, hijo! ¡Buen viaje! Y ¡quedamos para el año que viene en Inglaterra!

María José: ¡Adiós, Tony! Escríbeme cuando llegues a Inglaterra, ¿vale? ¡Recuerdos a la familia!

Tony: ¡Vale! Y tú, escríbeme a mí también. ¡Hasta la vista!

Ejercicio 12   Forma las parejas

1. ¿Tienes el billete?
2. Muchas gracias por todo.
3. ¿Por qué no vienen a Inglaterra?
4. Espero que vuelvas aquí a vernos.
5. ¡Adiós!
6. Escríbeme pronto, ¿vale?

a) Escríbeme tú a mí también.
b) ¡Hasta el año que viene!
c) Sí. Lo tengo.
d) No hay de qué.
e) Sí. ¿Cómo no?
f) Nos gustaría mucho.

Ejercicio 13   Despedidas

Empareja las frases y practícalas con un compañero o una compañera.

- Espero que vuelvas aquí a vernos.
- En el bar de la esquina a las diez. ¿Está bien?
- ¡Buen viaje!
- Muy amable, muchas gracias. ¡Hasta mañana entonces!
- Vale. ¡Hasta luego!
- Es tarde. Tengo que irme.
- Gracias. ¡Hasta la vista!
- ¿Dónde quedamos para mañana?
- ¡Claro! Me gustaría volver algún día.
- Me voy, que tengo prisa, pero le invito a cenar en casa mañana.

Última llamada para los pasajeros del
    vuelo… a… con correspondencia a… .
Se ruega que pasen por la puerta número… .

Tengo que irme.
¡Muchísimas gracias por todo!

De nada.
No hay de qué.

¿Por qué no vienen a Inglaterra
    el año que viene?

¿Cómo no?
¡De acuerdo! ¡Sí vamos a ir!
Lo siento. No es posible.

Llámanos por teléfono   cuando   llegues.
Escríbeme

¡Vale!

Espero que vuelvas aquí a vernos.

¡Claro! Me gustaría mucho.

¡Adiós!
¡Buen viaje!
¡Quedamos para el año que viene!
¡Recuerdos a la familia!

¡Hasta la vista!

GRAMÁTICA

Verbos

Tiempo presente

Verbos que cambian de raíz

Pronombres personales	-ar -er -ir } e ▶ ie		empezar entender preferir	-ar -er -ir } o ▶ ue		contar volver dormir
Yo	empiezo	entiendo	prefiero	cuento	vuelvo	duermo
Tú	empiezas	entiendes	prefieres	cuentas	vuelves	duermes
Él/Ella/Vd	empieza	entiende	prefiere	cuenta	vuelve	duerme
Nosotros(-as)	empezamos	entendemos	preferimos	contamos	volvemos	dormimos
Vosotros(-as)	empezáis	entendéis	preferís	contáis	volvéis	dormís
Ellos/Ellas/Vds	empiezan	entienden	prefieren	cuentan	vuelven	duermen

Pronombres personales	-ar u ▶ ue jugar	-ir e ▶ i medir
Yo	juego	mido
Tú	juegas	mides
Él/Ella/Vd	juega	mide
Nosotros(-as)	jugamos	medimos
Vosotros(-as)	jugáis	medís
Ellos/Ellas/Vds	juegan	miden

Verbos regulares con primera persona irregular

caer	—	caigo	hacer	—	hago	salir	—	salgo
coger	—	cojo	obtener	—	obtengo	suponer	—	supongo
conducir	—	conduzco	ofrecer	—	ofrezco	tener	—	tengo
conocer	—	conozco	poner	—	pongo	torcer	—	tuerzo
corregir	—	corrijo	recoger	—	recojo	traer	—	traigo
dar	—	doy	reconocer	—	reconozco	venir	—	vengo
estar	—	estoy	saber	—	sé	ver	—	veo

Verbos reflexivos

Pronombres personales	-ar levantarse	-er perderse	-ir dormirse
Yo	me levanto	me pierdo	me duermo
Tú	te levantas	te pierdes	te duermes
Él/Ella/Vd	se levanta	se pierde	se duerme
Nosotros(-as)	nos levantamos	nos perdemos	nos dormimos
Vosotros(-as)	os levantáis	os perdéis	os dormís
Ellos/Ellas/Vds	se levantan	se pierden	se duermen

Verbos para hablar del tiempo

estar	haber		hacer	
Está nublado.	Hay niebla.	Hay tormenta.	Hace sol.	Hace fresco.
Está despejado.	Hay hielo.	Hay relámpagos.	Hace calor.	Hace buen/mal tiempo.
Está a… grados.	Hay tempestad.	Hay truenos.	Hace frío.	Hace viento.

nevar	tronar	llover
Nieva.	Truena.	Llueve.

Tiempo futuro compuesto

Pronombres personales	ir +	-ar visitar	-er volver	-ir salir
Yo	voy a			
Tú	vas a			
Él/Ella/Vd	va a			
Nosotros(-as)	vamos a	visitar a Pepe.	volver a casa.	salir ahora.
Vosotros(-as)	vais a			
Ellos/Ellas/Vds	van a			

Tiempo pretérito imperfecto

Verbos regulares

Pronombres personales	-ar dar	-er comer	-ir vivir
Yo	daba	comía	vivía
Tú	dabas	comías	vivías
Él/Ella/Vd	daba	comía	vivía
Nosotros(-as)	dábamos	comíamos	vivíamos
Vosotros(-as)	dabais	comíais	vivíais
Ellos/Ellas/Vds	daban	comían	vivían

Verbos irregulares

Pronombres personales	ser	ir	ver
Yo	era	iba	veía
Tú	eras	ibas	veías
Él/Ella/Vd	era	iba	veía
Nosotros(-as)	éramos	íbamos	veíamos
Vosotros(-as)	erais	ibais	veíais
Ellos/Ellas/Vds	eran	iban	veían

Tiempo pretérito perfecto compuesto

Pronombres personales	haber +	-ar comprar	-er perder	-ir pedir
Yo	he			
Tú	has			
Él/Ella/Vd	ha	comprado un regalo.	perdido la maleta.	pedido un té.
Nosotros(-as)	habemos			
Vosotros(-as)	habéis			
Ellos/Ellas/Vds	han			

Tiempo pretérito perfecto simple

Verbos regulares

Pronombres personales	-ar viajar	-er comer	-ir salir
Yo	viajé	comí	salí
Tú	viajaste	comiste	saliste
Él/Ella/Vd	viajó	comió	salió
Nosotros(-as)	viajamos	comimos	salimos
Vosotros(-as)	viajasteis	comisteis	salisteis
Ellos/Ellas/Vds	viajaron	comieron	salieron

Verbos irregulares

Pronombres personales	ser ir
Yo	fui
Tú	fuiste
Él/Ella/Vd	fue
Nosotros(-as)	fuimos
Vosotros(-as)	fuistcis
Ellos/Ellas/Vds	fueron

Duración

¿Cuánto tiempo llevas estudiando español?	Llevo… años estudiando español.
¿Cuánto tiempo hace que estudias español?	Hace… años que estudio español.
¿Desde cuándo estudias español?	Estudio español desde hace… años.

Comparación

Carmen es mayor que Juan pero menor que Ana.	Carmen es más tímida que Juan pero menos tímida que Ana.
Ana es la más tímida y la mayor. Juan es el más extrovertido y el menor.	

Adjetivos posesivos

Singular	
Forma masculina	**Forma femenina**
mi libro	mi toalla
tu libro	tu toalla
su libro (de él/ella/Vd)	su toalla (de él/ella/Vd)
nuestro libro	nuestra toalla
vuestro libro	vuestra toalla
su libro (de ellos/ellas/Vds)	su toalla (de ellos/ellas/Vds)
Plural	
Forma masculina	**Forma femenina**
mis libros	mis toallas
tus libros	tus toallas
sus libros (de él/ella/Vd)	sus toallas (de él/ella/Vd)
nuestros libros	nuestras toallas
vuestros libros	vuestras toallas
sus libros (de ellos/ellas/Vds)	sus toallas (de ellos/ellas/Vds)

Preposiciones

con	cerca de	al exterior de
sin	lejos de	en el fondo de
debajo de	al final de	enfrente de
encima de	dentro de	en
delante de	a la izquierda de	entre
detrás de	a la derecha de	a
al lado de	al interior de	de

Interrogativos

Singular	Ejemplo	Plural	Ejemplo
¿Qué?	¿Qué es esto?	¿Qué?	¿Qué flores te gustan más?
¿Quién?	¿Quién es?	¿Quiénes?	¿Quiénes son?
	¿A quién buscas?		¿A quiénes invitaste?
	¿De quién es esto?		¿De quiénes son las maletas?
¿Cómo?	¿Cómo te llamas?		
¿Cuándo?	¿Cuándo te vas?		¿Cuáles son las más buenas?
¿Cuál?	¿Cuál te gusta más?	¿Cuáles?	¿Cuáles son los más baratos?
¿Cuánto(-a)?	¿Cuánto cuesta?	¿Cuántos(-as)?	¿Cuántos años tienes?
	¿Cuánta leche quieres?		¿Cuántas manzanas quieres?
¿Dónde?	¿Dónde vives?		
¿Adónde?	¿Adónde vas?		
¿Por qué?	¿Por qué dices eso?		

Pronombres

Objeto directo

Sujeto	Objeto directo	Ejemplo
Yo	me	¡Mírame!
Tú	te	Te veo.
Él/El bolso	lo	Lo veo.
Ella/La llave	la	La veo.
Él/Ella/Vd	le	Le veo.
Nosotros(-as)	nos	Nos está mirando.
Vosotros(-as)	os	Os veo.
Ellos/Los bolsos	los	Los veo.
Ellas/Las llaves	las	Las veo.
Ellos/Ellas/Vds	les	Les veo.

Objeto indirecto

Sujeto	Objeto indirecto	Ejemplo
Yo	me	Me he comprado algo.
Tú	te	Te he comprado algo.
Él/Ella/Vd	le	Le he comprado algo.
Nosotros(-as)	nos	Nos he comprado algo.
Vosotros(-as)	os	Os he comprado algo.
Ellos/Ellas/Vds	les	Les he comprado algo.